JN076081

学校では教えてくれなかった

たった**3**時間で通じる
英会話の本

元・AFN（FEN）アナウンサー
＆プロデューサー

窪田ひろ子

ロング新書

まえがき

★全国の高校の英語の先生のうち，半数以上が英語を自由に話すことができないということを聞いた時，私は唖然とした。信じられない思いだった。

これらの英語の先生方はおそらく読み書きの英語なら，ひとかどの方々ではないかと私は思う。

★しかし，言葉とは**コミュニケーションの手段**であるから，どうしても**「話せて，聞ける」**ことが必要なのである。にもかかわらず中学，高校での英語の学習法が，「読むこと，書くこと」に重点をおき，生きた会話を教わることができないとあれば，自分で生きた英会話をマスターするほかない。

というわけで，まとめてみたのが本書である。学校では教わらない生きた会話術を中心に，わかりやすく，とりかかりやすく英会話を自分のものにするのに役立つと思う。

★本書にある英語，厳密にいえば米語は，私が **FEN (現 AFN)** 放送というアメリカの職場で，アナウンサーとして働いていた間，文字通り身体中を"耳"にして，自分で体得したものであるから，ほんとうに**生き生きとした米語**として使えるものばかりである。

— 3 —

★思えば，**FEN**という"アメリカ社会"に飛びこんで，学校で習った英語と実生活での米語との相違をイヤというほど思い知らされた私であった。たとえば，学校で教わった英語では，「はい，わかりました」は，あくまでも **"Yes, I understood."** であると思っていたのに，なんと，**"Yeah, I got you."** が，「はい，わかりました」であり，しかもごく自然に，ひんぱんに使われているこの事実。しかもその発音の面でも，学校の先生ならさしずめ，「**アイ　ゴット　ユー**」のように教えるであろうに，なんと現実では，「**アイガッチャ**」のように聞こえるとは……。

★正しい発音を覚えるということは，英会話をマスターするためには，極めて重要な要素のひとつで，決してないがしろにはできない。

　映画でも，テープでも，ラジオでもよい。**native speaker** の発音をそっくりそのまま，**マネをするべし**。マネをすれば，自然と発音は上手になり，ヒアリングにも役に立つという結果を生む。

★ここで私のいうマネをせよ，とは素直になりなさい，ということ。日本人はなぜか英語を発音するのに"日本語流"に発音しがちである。**well** なら「**ウェル**」といいたがり，実際に native　speaker の発音するところの well が「**ウェォ**」のようであっても，なかなか素直にマネをせず，自己流にやろうとする。さあ，このような意味であなたも今日から素直になろう。

　自分からいうのも，はなはだおこがましいとは思うが，高校や大学で英語をやってきた日本人の多くが，

米会話のどの辺に弱いのか，何を知らないのかが，私には幸いにしてわかるのだ。

★本書でものべるが，私には米会話の個人レッスンをした経験が何度かあり，一応大学まで出ている日本人でも，実際にしゃべろうとすると，日本語の文をひとことひとこと直訳して，それを話す，という人がほとんどであるということに気がついた。

直訳された英語は会話に使えるものなどではなく，役に立たない。そうして，私が実際にはこんなふうに表現するのだというと，教わるほうは，「へえー」という感じでノートをとっている。

★和製英語の氾濫にも困ったものである。間違った和製英語は混乱のもとにもなる。

日本人のいう「プライベートな問題」は，private problem ではないし，「マイカーで帰省する人々が……」のマイカーは my car といったって通じないし，「ボーイフレンドは五人ぐらいいます」というつもりで若い女性が，このまま I have five boyfriends. とアメリカ人にいったとしたら，相手は目を丸くしてびっくりするに違いない。

日本人のいうところの「プライベートな問題」を通じる英語でいいたいなら **personal problem** といわなければならない。

「これは私の車です。あれはあなたの車です」の意味なら my car でよいが，「帰省するマイカーで混雑……」のいわゆる自家用車を意味するのに my car とはいわない。**private car** あるいは **private vehicle** で

なければならない。

★I have five boyfriends という女性がいれば，あちらではびっくりするだろう。それもそのはず，boyfriendイコール男性の友達にあらず，恋人，彼氏なのだから。

　日本人が初対面の外国人にあいさつをする時，社交辞令でお世辞をいう時，感謝の気持ちを表す時など，いずれの場合もなんとなくぎこちなく不自然な感じがする。そんな場合もぜひ本書を利用していただきたい。そうすれば，あなたの英会話はぐっとスムーズになり，はたで聞いていて「馴れているな」の感じを与えることだろう。

　あなたは，学校で習った英語だけでは英語が通じないと思った経験を持っているだろうか。持っていて当たり前，と私は思う。

　私自身が痛感したこともあって，**学校では教わることのできない米語の表現**を，これから**生きた米会話**をマスターしたい人たちのために，まとめてみた次第である。

窪田ひろ子

目　次

PART 1
英語はモノマネに徹すべし!

PART 2
学校で習わなかったこんな言葉と表現を覚えよう

PART 3
感情ムキ出し，ユーモアたっぷり，これが決め手！

PART 4
会話力が２倍にも３倍にもなる とっておきの方法！

本文イラスト／山口三男

PART 1

英語はモノマネに徹すべし！

すぐに覚えちゃう 日常会話の テクニック!

●日本語の表現力が決め手になる!

　私事を持ち出して恐縮だが，知人に頼まれて，私は二人の社会人男性の個人英語レッスンをしたことがある。

★週一回という約束で始めたこの二人は，同年輩の31歳，同じ大学を同じ年に卒業した親友同士である。

　仮にこの二人をAさんとBさんと呼ぶことにしよう。BさんはAさんよりも一ヵ月半ほどあとから，私の個人レッスンに通い始めた。

★ところが，である。約一年経った時，二人の間にはっきりと差がついてしまっていたのだ。なんと少しおくれてスタートしたBさんのほうが，ずっと英会話をモノにしてしまっていた。

　このことが，何を証明するかというと，Bさんのほうが短期間で英会話を自分のものにしてきたということだ。

★本書をまとめるにあたって，私はこの二人の英会話レッスンの結果を比べて，なぜこのように差がついたかを考えてみた。同じ期間レッスンをしても，違う結果が出るということは，読者にとって何か役に立つアドバイスができるはずだと思ったからである。

　英語を習うのに，そんなこと関係ないという人もい

るかもしれないが，まあ一応耳を貸してほしい。

★両者の日本語を比べてみると，Ｂさんのほうが数倍きちんと正しい日本語を話す。敬語や謙譲語もちゃんと使うし，親しみをこめた会話とそうでない場合と，きちんとTPOで区分けをした日本語を話している。そして語彙もずっと豊富である。

★それに比べてＡさんは，敬語や謙譲語を使うのを聞いたことがない。TPOで話し方を変えることもしない。

　たしか以前，「どうしたら英語を話せるようになるか」という質問に対して，著名外国人が次のようなことをいっておられるのを聞いたことがある。

「英語を話せるようになりたいと思ったら，まずキチンとした日本語を話せること。それが基本です」

　私も同感である。早い話，私のところへレッスンにきているＡさんとＢさんが，はっきりそのことを実証している。

「何を今さら，日本人である自分が日本語の話し方なんかを……」

と思うかもしれないが，一度，自分の日本語の使い方を見なおしてみたらどうだろう。

●会話力を飛躍させる“遊び”の精神

　さて，くだんの二人の間にはその他にも，いくつかの相違があることに気がついた。

★英会話のレッスンを受けている時の態度が違う。私が誤りを指摘すると，Ｂさんは真剣に耳をかたむけ

ているのが，見ていてよくわかる。

★かたやＡさんのほうは，誤りを指摘し，正しいいい方なり何なりを私が説明している間，ニタニタしている。

　ここで，ことわっておくが，Ｂさんは決してマジメいっぽうのカタブツでもなんでもない，それどころか，ふだん遊んでいる時など，きわめてネアカで，冗談はよくいうし，奇声を発したり，時にはかなりケタタマシイ人間だったのである。

　この二人のレッスンの時の態度の相違は，はっきり，どちらが「ほんとうに話せるようになりたいか」の心がまえの相違を表すものと私は思う。

★あとひとつだけ大きな違いをあげると，友達同士で集まって一杯やっている時，Ｂさんはよく自分の覚えた英語の表現や言葉を，うまく日本語の会話の中にとり入れて，冗談をいって人を笑わせたり，得意になったりしていた。彼の場合，得意になったといっても，全然いや味がないから，人にもあっさり受け入れられている。

★いっぽう，Ａさんのほうは，私から習った英語をレッスン以外の時，口にするのを聞いたことがなかった。レッスン以外の自分の時間は，あたかも「英語とはカンケイナーイ」みたいな生活をしていた。

★Ｂさんは自分の生活の中に，レッスンで習ったことや，目にふれた英語をとけこませていた。気に入った音楽の曲名の意味を考えてみたり，覚えにくい英語の表現をアーティストの名前や曲名とくっつけて頭に入

れようと工夫していた。

★二人の間には,まだ細かい相違があったが,大きな違いは以上述べたようなものである。そしてその後,Bさんは確実に英会話の力の上でAさんを引き離してしまっていた。そしてレッスンに費した時間は,これも確実に彼のほうが少ないのだ。

この二人のケースは,参考にしていただければ幸いである。

●生きた会話術をこうして盗め!

さて,それでは私自身について少し述べてみよう。

★物ごころついた時から,私は「コトバ」が好きで小学校の頃は,よく作文や詩を書いていた。

中学校に入り,学校で英語を勉強するようになってから,「外国語を話すことはカッコいいな」と思い始めた。その頃,はじめて **AFN** をラジオで聞いた私は,カッカとしてしまった。何をいっているかチンプンカンプン,「ひとこと」もわからなかったからである。

★そこでその「カッコいい」外国語を,自分もわかるようになりたい,なってやろうじゃないかと思った。

というわけで,中学,高校を通じて,私の学習法は,まず英語の宿題,予習,復習,試験勉強をしてから,他の課目の勉強をする,といったものだった。したがって,私の成績は課目によってひどい差がついてしまった。自分でいうのもなんだが,英語はいつも成績がよく,きらいな課目は,アベレージ以下の成績ということで,私の母はいつも先生に注意されていたも

のである。

★高校時代，お小遣いの許すかぎり私はアメリカ映画を見にいった。一ヵ月のうちに，これも時間が許せば，2回でも3回でも同じ映画を見る。俳優のしゃべるセリフを聞くと同時に，動作の見られる映画は，テープやラジオを聴くより実用的であった。

「ああ，こんな状態の時，こんな言葉を使うのか……」ということが，わかってくる。

★今，いや今ではなくても，中学生・高校生が自宅で宿題，試験勉強，予習復習，はたまた受験勉強に至るまでの英語の学習をする時，彼らは大きな声を出して英語の文や単語を読みあげながらやっているだろうか。私の想像ではそうではないだろうと思う。

　私は自宅で英語の学習をする時，いつでも大きな声を出して勉強しなければならなかった。これは父の「至上命令」であったから私の部屋から声が聞こえないと，父はチェックに入ってくる。その時私が英語の勉強をしていれば，もう大変である。大喝一声，雷が落ちる，私は亀の子のように首を縮める。時には鉄拳をもくらいかねないからであった。

　当然，おこられるのがいやさに，恥ずかしさも忘れて，私は英語を「声を出して」勉強することとなった。

★父はいった。「言葉とはコミュニケーションだ。意志を伝えあうには，耳で聞いて，口でしゃべるのが第一。読んだり書いたりは二の次でいい。極端な話，仮に読み書きができなくても，しゃべれて聞ければ，コミュニケーションは成り立つ」これが，父の持論であ

った。

●"恥"や"体面"をかき捨てろ!

　間違いを恐れてなかなかしゃべろうとしないことが, 語学習得のハンデになる, と私に教えたのも父であった。

★ともすれば, 体面を気にする日本人は, 間違いを恥ずかしがり, 寡黙になりがちであるが, これは絶対よくない。**「日本で生まれて日本で育った自分が, 英語を間違うのは当たり前」**ぐらいの心臓というか度胸は, ぜひ持つべきである。

★そして, これも体面を保つためと思われるが, 相手のいっていることがわからないのに, 「Yes, Yes, Yes……」と, あたかも話の内容が全部わかったような相槌のうち方は, いけない。わからなければ, わからないとはっきりその場でいえる勇気を持たなければ, 進歩はない。

　そして, わからないことが恥なのではなく, わからないという意志表示をしないことが, 相手に対しても失礼であるということを知るべきであろう。

★外国人と話している場合, あなたが「わからない」といっても「あっ, そう」と会話を止めてしまい, 席を立ったりはしない。

　言葉を変え, 表現を変え, 必要とあらば絵をかいても, あなたがわかるように説明するのが, ふつうである。それどころか, 熱心なあなたのその態度に好感を持つであろう。

★私の経験では，わからない時，何度しつこく説明を求めても，いやな顔をしたアメリカ人は一人もいなかった。

★また，根掘り葉掘り聞き，何度もひとつのことをアメリカ人が手を変え品を変え私に説明してくれたことは，ズシリと頭の中に入り，なかなか忘れられないものになってしまっている。

「聞くは一時の恥，聞かぬは一生の恥」とはよくいったものである。

●会話上達のスピードをあげる鍵は？

ある語学をマスターしようと思ったら，その語学を知っているだけではだめである。その国やその国の人を知らなければならない。

★言葉を勉強するのと並行して，その国を知ろう。米会話を覚えたいなら，米語の勉強と同時に，アメリカとアメリカ人のことを知れば，会話上達のスピードはぐんとあがる。

★アメリカの国情や歴史というカタイところから，アメリカ人の日常生活とはどんなものであるか，アメリカ人の生活における様々な習慣，冠婚葬祭，衣食住，祝日などなど……，つまりなんでも「アメリカ」を書物でもテレビでも映画でもよい，日常心がけて知るように努めよう。

なぜそのようなことが，会話上達に役立つかというと，その国の言葉を覚えているだけでは会話についていけない，会話の仲間に入れない，ということがある

からである。

★社会人になって間もなくの頃，アメリカ人のカクテルパーティに出席するたびに，私がアメリカという国とアメリカ人の生活みたいなものをまだあまり知らないがゆえに，会話についていけないことがあった。

　たとえば，読者は次のようなアメリカ人同士の会話を読んで，何について話をしているのか理解できるだろうか？

A We're going to have a shower for Jean next Wednesday.

B Oh good！

直訳してみよう。

A　次の水曜日，ジーンのためシャワーをするのよ。
　B　あら，いいこと！

★なんで，ジーンのところのシャワーなのだろう？
自分のうちにシャワーがないんだろうか，この二人？
　また，なんでジーンのためのシャワーなのだろう？
と，ふつうこのように思うに違いない。ここに，アメ
リカの習慣を知ることが必要だという理由がある。

★日本では赤ん坊が生まれると，親戚や友達がデパー
トかなんかへ行ってきて，赤ん坊の品物を買い求
め，店で「出産祝」というのし紙をつけ，きれいに包
装したものを店から送らせる。自分で持参するより，
店から送らせることが多く，お歳暮もお中元も品物は
同じというのが，今日の日本である。

★アメリカではそうではない。つまり，習慣が違う
というわけだ。

　この例文の会話は，二人の女性の会話である。二人
の共通の友人のジーンが，出産をひかえている。その
出産祝を各自持参してジーンの家に集まり，女だけの
パーティをする。これが，シャワーである。風呂場に
ある shower や，にわか雨の shower とスペルはまっ
たく同じである。

●単語の意味がわかっても，内容がチンプンカン プン？

　これで，「言葉を知っているだけ」では，会話につ
いていけないということが，おわかりいただけたであ
ろうか？

★もうひとつ例をあげよう。

Husband: **Do you want me to stop by the Exchange this evening？ Do you need anything？**

Wife: **Yes. Get three dozens of eggs, please.**

Husband: **For Sunday？**

Wife: **Yes.**

これは，夫と妻の会話であるが，あなたは何をいっているのかわかるだろうか？

　夫　夕方，スーパーマーケットへ寄ってこようか？何か必要なものはあるかな？

　妻　ええ，玉子を3ダース（36個）買ってきてちょうだい。

　夫　日曜日のか？

　妻　そうよ。

★この夫婦いったい何で36個もの玉子が，日曜日に必要なのだろう？

　アメリカのことがわかっている人なら，ハハア，○○○○のことをいってるなと，この会話が，一年のうちの何月のものなのかまでわかるのである。

　この会話のなされているのは四月，そして **Sunday** は，**Easter Sunday** を指している。なぜかといえば，玉子を数多く必要としている Sunday だからである。そして在日米軍のアメリカ人は基地内のスーパーのことを **Exchange** という。

★また，この会話から，この夫婦には，小さい子供がいることがわかる。なぜならイースターには子供の

ための玉子が，切り離せない習慣だからである。

　イースターサンデーでは，親は子供たちのために，前の晩にゆで玉子をたくさん作り，食紅でカラフルに玉子のからに色をつけておく。そして，親たちはそのカラフルな玉子を家の中や家のまわりの草むらや，木のまわりに隠す。イースターの **egg hunting**（玉子さがし）といって，アメリカでは子供たちが必ず親にしてもらう習慣なのだ。子供たちは手さげかごを持って，玉子をさがして歩く。

　単語の意味はひとつひとつ全部わかっても話の内容がわからないということのないよう，日頃心がけよう。必ず役に立つ。

英語はモノマネですぐに話せる！

● native speaker のモノマネに徹せよ！

　日本人は，英語を自国語としない他の国の人たちに比べて，なぜ発音が苦手なのだろう。「発音が悪くたって，話が通じればいいじゃないか」という人，ちょっと考えてみてほしい。発音が悪いゆえに，話がチンプンカンというケースがたしかにあるのだ。

★**L**と**R**は，なんとしてでも練習してはっきり区別して発音できるようになっておいたほうがよい。

　ＬとＲの日本人の発音に関して，私の気づいたことは，意識しすぎるあまりＲと発音するところをＬ，Ｌと発音するところをＲと発音してしまっている人が少なくないということだ。

　right と **light**，**read** と **lead**，**grass** と **glass**，いずれも意味はまったく違う。これは絶対に練習して自分のものにしよう。

★他の言葉の発音についての忠告をひとつ。日本人は，英語を日本風に発音しすぎる。そしてスペルにこだわりすぎて，正しい，そして自然な発音ができていない。

　たとえば **holiday** や **hospital** を，ホリデイ，ホスピタルと発音したがる。

　スペルなんかこの際忘れてしまえ！！　ぐらいの気

持ちで，実際に native speaker が話す時の発音を，あなたの耳に入ったままをマネて発音する癖をつけるとよい。

★holiday は，**ハラデー**と聞こえるはずだし hospital は，**ハスピタォ**と聞こえるはずだ。

　参考までに，日本人が発音するのと（もちろんこれは英会話を今勉強中という日本人のことであって，すでに英会話をマスターしている日本人のことではない），実際に native speaker によって発音されるものとを，いくつか比較してみよう。こんなに違うものかと驚くかもしれない。

≪日本人の発音≫　　≪実際の発音≫

average　アベレージ⇔**アヴレッジ**

buffet　ブュッフェ⇔**バフェ**

horrible　ホリブル⇔**ハラブォ**

terrible　テリブル⇔**テラブォ**

total　トータル⇔**トートー**

funeral　フューネラル⇔**フュネロー**

Amen　アーメン⇔**エイメン**

convertible car　コンバーチブルカー⇔コンバータボーカー

unti-social　アンティソーシャル⇔アンタイ**ソー**シャォ

little　リトル⇔**リロー**

semi formal　セミフォーマル⇔**セマイフォマォ**

pick it up　ピックイットアップ⇔**ピケラッ**

I've got to go　アイヴゴットゥゴー⇔アイガラ

ゴー

not yet　ノットイェット⇔**ナッチェ**

come on in　カムオンイン⇔**カモニン**

what's the matter　ホワットイズザマター⇔ホワ
ッザ**メェーラ**

　以上，ほんの一例であるが，発音も無視できないこ
とが，わかっていただけると思う。

★あなたの耳で捉えた native speaker の話す "音" を
そのまま，あなたの舌の上にのせてその言葉をいって
みることである。その際，スペルのことは，頭の中か
ら取りはらってしまうこと。

●英語は自然に話せるようになる

★私の父の語学習得に関するアドバイスのひとつに
**「日本語で考えて，それを頭の中で英語で組み立てる
ことはするな」**があった。

　このアドバイスは，自分自身で考えてみたところ，
至難のわざとも思えたものである。

　しかし，だんだんと私はこのアドバイスを自分なり
にこなしていけるようになった。その「英語で考え
る」方法として私はまず，こんなことをしてみた。

★街を歩いている。私の前を一人の老婦人が歩いて
いる。その姿を見て頭の中で **"old lady"** という言葉を
思い浮かべる。向こうから赤い車がくるのが見える。
それを見て私は「赤い車」という日本語のかわりに
"red car" と頭の中で考える。

　このように最初は，単語を英語で思い浮かべるよう

にした。そういう癖がつくと今度は，文章で考える。

　家を出る。空を見上げる。どんよりとした曇り空を見上げながら私は「降りそうだな」と思うかわりに **"It looks like it's going to rain"** と頭の中で考える。そして「傘を持っていこうか」と思うかわりに私は，**"Should I take my umbrella ？"** と頭の中でつぶやくのである。

★駅のプラットホームでも，道を歩きながらでも，とにかく自分一人でいる時なら，この方法は誰でも簡単にできる。あなたの目にとまったものや，事を英語で考えるようにすればいいのである。

★私のとった方法のように，最初は単語を英語で思い浮かべるだけでよい。そうしてだんだん馴れてきたら「しまった，今日は遅れてしまうかな」と日本語でつぶやくところを，**"Oh, my goodness. Am I going to be late today."** と頭の中に英語が浮かぶようになる。

★くどいようだが，はじめは簡単なことから始めればよい。誰でも最初からスラスラ英語でものを考えることはできはしない。

★ただし毎日この習慣を励行することは忘れてはならない。時々やるのでは効果がない。

　この習慣を身につけるのに，高い月謝を払うことも，あなたの貴重な時間を特別に費やす必要もない。

★いつでもどこでも学校であれ職場であれ，電車の中であろうと，路上であろうと，タダでできる英会話の学習法である。これを実行しないというテはない。

●あなたの上達をさまたげているものは？

　少し英会話の力がついてくると今度はnative speaker
と話してみたくなる。

　かつて私はある大手の予備校に通う浪人生たちと英
会話学習について話し合ったことがある。

★彼らは，一様に「外人と面と向かうと，どうして
もしゃべれなくなってしまう」という。

　私はそのわけをたずねてみた。彼らがそうなる理由
とは，次のようなものであった。

❶ 早口でまくしたてられると，声も出なくなる。

❷ 背が高く，体が大きいと威圧されてしまう。

❸ 外人が目の前にいるというだけで，声が出ないよ
　うな感じになってしまう。

この答をきいて私は「ああ，日本人はまだ外人，とくに白人崇拝のケがあるな」と思ったものである。

　このような"失語症"になったら，次のように考えればよい。

★相手は自国語をしゃべっているのだから，スラスラ話せるのは当たり前。だがその相手はあなたがスラスラ話すところの日本語は話せるのか？

★早口でまくしたてていると思うのは，ほとんどの場合，本人の勘違いである。「自分の知らない言葉」は早く聞こえるものなのだ。ちなみにFENにいた頃，私はアメリカ人たちが，よくこんなことをいっているのを耳にしたものである。

「日本語は，なんだってあんなに速いんだ？　それに，日本人は，なんだってあんなに速くしゃべるんだ」

　私のいったこと，わかっていただけると思う。つまり「お互い様」なのだから，なんということはない。

　さて，「背が高くて大きいから」という理由には，私もいささか驚いた。しかし，その時，私はこのようなことをいってのけ拍手喝采を浴びてしまった。「背が高いからって何も卑屈になる必要はないじゃありませんか。"大男，総身に知恵がまわりかね"っていうでしょう？」

　これを私は，そこに居合わせた背高ノッポで日本語のわかる外人講師の前でいってのけたのだから，相当なものだよとは，ある知人の弁。

　外人コンプレックスなど，何の役にも立たないことを認識して，そんなものはサッサと捨ててしまわなけ

れば，英会話はいつまでたっても上達しはしない。

●英会話を 100 ％モノにする 10 カ条

　さてここで，英会話をマスターするための方法をまとめてみよう。

　❶　同じ期間，英会話の勉強をしても，日常の生活態度によって差が出てくるということ。

　❷　英語を話したい，と思ったら，まず正しい日本語が話せるようになること。

　❸　どうせ "遊び" にお金を使うのであれば，アメリカ映画を見たりして，英会話習得にプラスになるような遊び方を考えること。

　❹　目で英語を追わず，耳と口をフルに活用すること。会話だったら，極端な話，スペルを知らなくてもさしつかえないのだ。

　❺　恥だの体面だのには，サヨナラをすること。「日本で生まれて日本で育った」のだから，間違ったって当たり前，ぐらいにデンとかまえること。

　❻　わからないのにわかったふりをするのは，英会話上達に，大変なハンデになるのだと覚えておくこと。

❼　英語を話したいならアメリカという国の生活，習慣，社会などを同時に覚えていこう。

❽　発音は，自己流，日本流ではダメ。native speaker の発音をソックリ耳に入れ，自分の口で"そのまま"発音すること。つまり，学校で習った発音記号通りの言葉を捨てなさい！　ということになる。

❾　英語でモノを考えるよう，習慣づけること。

❿　そして，本書にあるいろいろな英語の表現はぜひとも身につけていただきたい。この中にあるものは，私が自分の身体を耳にして覚えたものばかりであり，日本人が間違いやすく，とくに苦手な表現を網羅したものである。

　これらの表現を使ってアメリカ人と会話をしているうちに，相手が「オヤ？」と思うようになると思う。そしてそのアメリカ人は、こうたずねるかもしれない。「そんな表現を，いったいあなたはどこで覚えたのですか？」

　こうなったら，あなたはもう鼻高々である。実はある日本人女性が，私から教わったアメリカ的表現を使ってアメリカ人と話をしたところ，「よく知っているね」と，そのアメリカ人がびっくりしたという話があるのだ。

PART 2

学校で習わなかった こんな言葉と表現を 覚えよう

なぜあなたの英語が通じない?

●紋切り型の英文では会話はできない

★とにかく英語が話せるようになりたい，しゃっちょこばった文法通りの英語よりも，もっとざっくばらんに話せるようになりたい──。

こう考えている読者の方々に最初に申しあげたいこと，**それは中学三年までに習った英語で十分通じる**ということである。

中学で習う単語の数は 2500 ぐらいのもの。それをフルに使っていけば，とにかく通じるのだ。

会話のセンテンスは短くていい。日本人の会話だって，そのほとんどが短いものである。

水が欲しいと思えば，教科書英語のように **Will you give me a glass of water, please ?** などといわなくてもいい。**Water, please.** で十分通じるのだ。

いやもっと正確にいうと，ほとんどの欧米人がこういう言葉の使い方をしている。これが生きた英語だともいえよう。

★PART 5 の実践編でものべるが，**日常会話では主語が省かれることもあれば，動詞が省かれることだってある。主語と述語とがひっくり返るケースもある。**

したがって，場面別，ケース別の決まり文句を覚えていても，それらをストレートにそのまま使って会話

ができるということにはならない。

★海外旅行に出る若い人がずいぶん増えてきたが、彼らはいつも"すぐに使える英会話集"を買いこんでいくという。

しかし、このような会話集に書かれている場面などめったに遭遇しない。つまり紋切り型の例文など役に立たないのである。

●日本人の英語がなぜ通じにくいのか

最初に、中学英語で十分通じると書いたが、問題はそれをいかにうまく使いこなすかということである。

★まず第一に、日本人の英語がなぜ通じにくいのか、なぜ誤解をうけやすいのかについて述べてみよう。

英会話を習い始めた頃、日本語の単語のひとつひとつを英語に直して失敗するケースが多い。このような日本式英語はまったく通じないと思ったほうがいい。

★食べ物、飲み物の名前もその例にもれず、ちゃんとした英語の名前を知らないと、外国のレストランに行った時に自分の欲しいものも注文できないということになりかねない。

★たとえば **pizza**。日本人はこれをピザ、ピザパイというが、英語で話す場合は **「ピーツァ」** と発音すること。

★飲み物を頼む時でも、「ビールを下さい」「コーラを下さい」では通じない。日本人はどのメーカーでもコーラ、ビールですませてしまうが、アメリカではこうはいかない。

★アメリカ人はこれらを注文する時，または店頭で買う時，はたまた家庭でごちそうになる時，ちゃんと**銘柄で指定**する。

How about Coke（Coca Cola）?
　　（コカコーラはいかが？）

Do you have Pepsi?（ペプシはありますか？）

I don't like Diet-Pepsi.
　　（減量用のペプシはきらいよ）

Give me Dr. Pepper, please.
　　（ドクターペッパーを下さい）

Give me Budweiser.（バドワイザーを下さい）

★ミルクとクリームも日本人がよく間違うもの。日本では喫茶店のウエイトレスが「ミルク，入れますか」

— 38 —

とたずねる。ところが入れてくれるものをみると，クリームなのである。

milk は牛乳のこと。喫茶店で**コーヒーに入れるのは cream** である。あちらの家庭ではコーヒーを出されると **cream** と **sugar** を入れるかどうか聞かれるのが普通である。

★日本でおやつなどに食べているビスケットもアメリカでいう **biscuit** とは違う。**biscuit** は菓子パンのことで，日本人のいうビスケットは，アメリカの **cookie**（クッキー）にあたる。

★次は日本語を直訳して失敗するケース。

ある日本人インタビュアーがアメリカの女子学生にこう聞いた。

How many boyfriends do you have ?

こう聞かれた瞬間，その女性は非常にけげんな顔をしていたが，これももっともなこと。

boyfriend，girlfriend は特定の恋人を意味するものであって，日本語のそれとはまったく異なっているのだ。

★次に同じようなケースをひとつ。

「私は花子さんと結婚します」を表現する場合，**I'm going to marry with Hanako.** とやってしまう。「〜と」を with と訳したくなるのはわかるが，これでは意味が通じない。正しくは **I'm going to marry Hanako.** である。

「彼はアメリカ人女性と結婚しています」──これを英語にすると，

He is married to an American girl.

　この場合，「と」が入っている日本語の文も with とはせず **to** にしなければならない。

★前置詞の使い方には気をつけよう。

　その昔，日本人がアメリカの地下鉄に乗る時，キップ売り場で "to　New　York" といったらキップが二枚きたという。前置詞の使い方がまずかったと思い，方向を表す前置詞 for を使えばいいと "for　New　York" といったらこんどはキップが四枚きたという笑い話がある。

　これなど，**"New York"** とだけいえば事はたりるのである。

★今まで，いくつかの失敗例をあげたが，いかに会話というものが簡単な単語で構成されているかがわかる。

　くり返しになるが，やはりアメリカの風習・習慣を知らないと，急速な会話力の上達は望めないことがおわかりいただけたと思う。

★この章では，「とにかく通じる英語」をものにしたい方のために，日常生活でゼッタイ必要な，しかも誤解をまねきやすい言葉の使い方を，そして具体的な実例として，**食事，酒，パーティ，病気，トイレ，車**などに関する表現術を紹介する。

カタコト英語で通じる会話術を覚えよう

●アメリカ人と日本食をとると質問攻めにあう!

　アメリカ人と「おしゃべり」をする。こんなケースはけっこう多いもの。とくに食事に行ったり，パーティによばれお酒を飲みながらの談笑，こんなチャンスは大いに利用したいものである。

★私も仕事柄，食事，パーティなどで数多くのアメリカ人と同席したが，彼らは実によく質問をしてくる。スキヤキをご馳走した時など，これは何というのか，何でつくられているのか，「しらたき」とは一体何か，……などなど食べる間もなく説明を求められたものである。

　当然のことながら，日本人が外国へ行って自分の食べようとしているものが何であるか知りたがるのと同じであろう。

★外国人と，寿司やてんぷらなどを食べに行き，寿司のネタや，てんぷらの衣の中身を何だとたずねられたら，あなたは即座に答えられるだろうか。答えられる人は，この項は必要なし，である。

　アメリカでの「すしブーム」。寿司屋へ行ったらぜひ，これぐらいのネタの名称は英語で覚えておくと役に立つ。

red caviar （イクラ）

red snapper または **sea bream** （タイ）

herringroe （カズノコ）

octopus （タコ）

squid （イカ）

shrimp （小さいエビ）

prawn （日本でいう車エビの大きさのエビ）

lobster （伊勢エビ，すし用ではないが比較のため）

abalone （あわび）

cockle （とり貝）

sea eel （あなご）

yellowtail （はまち）

tuna （まぐろ，総称）

oily portion of belly of tuna （中トロ）

more oily portion of belly of tuna （大トロ）

tuna meat and rice wrapped with seaweed
　　　（鉄火巻き）

cucumber and rice wrapped with seaweed
　　　（かっぱ巻き）

sea urchin eggs （ウニ）

sushi omlet cooked with sugar
　　　（ギョク，玉子のこと）

pompano （あじ）

bonito （かつお）

scallop （ほたて貝）

mackerel （さば）

horseradish （わさび）

ginger（しょうが）

★ことわっておくが，魚の名前を英語で説明してもなおかつ「知らない，わからない」というアメリカ人がいるものである。なにしろあの広いアメリカ大陸，海から遠い州出身の人であれば，魚が食生活にあまり関係のない人も多いわけである。

● "てんぷらってな～に？" と聞かれたら……

　てんぷらも，外国人の好む日本食。

　てんぷらを食べたことのない外国人には，てんぷらをこう説明する。

Tempura is said to have been introduced into Japan by the Portuguese. To make tempura, you dip pieces of seafood and vegetables into a wheat flour, egg and water. Then you deep-fly in vegetable oil.

「てんぷらは，ポルトガルから入ってきた料理だといわれています。てんぷらを作るにはまず魚介類や野菜を水と卵でといた小麦粉につけます。そして油で揚げます」

　こんなふうにいえば，あとはだいたいどんなものかわかるであろうから，あとは材料となるものを英語で説明する。

shrimp（エビ・小さいもの）
prawn（エビ・中型のもの）
eggplant（なす）
lotus root（はす）
mint leaf（しそ）

squid （イカ）
fritters of small pieces of vegetables and shrimps
　　　（かきあげ）
pumpkin （かぼちゃ）
mushroom （しいたけ）

● **"やきとり" を美味しく食べよう！**
　外国人の好む日本の食べもので庶民的なもののひと
つ，やきとり。串にさしてあれば，外見上何だかわか
らず，彼らは **What's this ?** とたずねてくる。やきと
りは次のようなものを覚えておこう。
prime chicken breast （とりのささ身）
liver （レバー）
gizzard （砂ギモ）
ground chicken and fish （つくね）
tongue （タン）
heart （ハツ＝心臓）
brain （カシラ＝脳）
chicken skin （とり皮）
green onion （ネギ）
spicy または **green pepper** （しし唐）
quail egg （うずらの玉子）
　タンは，**pork**，豚の舌だということ。

● **酒を飲みながら英語を話そう！**
　酒は百薬の長，洋の東西を問わず好まれているの
が，飲酒。であれば，酒にかかわる必要な英語表現も

あるので，知っておいたほうがいい。

★乾杯は英語でも簡単。**toast** で，パンのトーストとスペルも同じ。しかし，いつも toast ばかりでは……という人は，たまに **bottoms up** を使ってみるのもよいだろう。

★同じ乾杯でも bottoms up のほうは，文字通り「杯を干す」の意味が強く，よく「ぐーっと一気にあけて」といい，ビールのグラスを一気に飲みほす光景を見かけるが，このような場合に bottoms up が使える。

　bottom は「底」だから，グラスの底が上にくれば，当然その中身はカラになるというわけ。

★さて，グラスをカチンと合わせ，**Here's to you** ということがある。

　この場合，男性が女性にこれをいえば，少し軽い **compliment**（賛辞）。何かおめでたいこと，うれしいことのあった人にいえば，「おめでとう」の意味が含まれる。アルコール類の飲みもの一般は，総体的に **drink** というが，他に **booze** という俗語もある。

★お酒に関係のあるおもしろい言葉に，**church key** というのがある。これは **bottle opener**，つまり栓ぬきのこと。

★お酒に酔うといっても，飲む量や飲む人によって酔い方はさまざま，まず，酔っぱらってしまうまでの状態，日本語でいう「ほろ酔い気分」のいい方がこれ。

I'm feeling high.

★さて，お酒の量が増えるにつれて，ほろ酔いから「だんだん酔っぱらってきた」状態になり，そんな時

はこう表現する。

I'm getting drunk.

★いうまでもなく自分以外の人が酔っぱらっているのなら，**He's getting drunk. She's getting drunk.** という具合に主語を変えればよい。

★酒量がさらに増えると，「酔っぱらってきた」から「酔っている」状態になるが，この一番基本的ないい方がこれ。

I am drunk.

★そして，いわゆる泥酔，あるいはそれに近い状態になった時はこれ。

He is smashed.

I was stoned.

★これらはへべれけに酔った状態だから，翌日は **hangover**（二日酔い）に悩むことうけあい。

そして，こんな状態になるまで毎日飲んでいると，

今度は **alcoholic**（アルコール中毒）になりかねない。お酒はやはり，**feeling high** ぐらいでやめておくのがよいようだ。

●この単語だけは覚えておくべし

日本人は飲みに行っても，注文する酒の種類は次の4つのどれかだといってもよい。

日本酒（**sake**）

ビール（**beer**）

ウィスキー（**whisky**）

焼酎（**shochu**）

★しかし，アメリカ人の場合は実にいろいろな酒を飲む。

　ここにあるリストは，アメリカのメリーランド州セントルイスのある洋酒メーカーが調査した有名なバー及びレストランでの，飲み物ベストセラー上位20位である。ここでいう飲み物は，いうまでもなくカクテルを主としたアルコール類。

1. **Martini** （マティニ）
2. **Manhattan** （マンハッタン）
3. **Sour** （ウィスキーなどをサワーで割ったもの）
4. **Bloody Mary** （ブラディ　メアリー）
5. **Gimlet** （ギムレット）
6. **Daiquiri** （ダイキリ）

7. **Collins** (ウォッカなどをコリンズで割ったもの)
8. **Old-Fashioned** (オールドファッション)
9. **Margarita** (マルガリータ)
10. **Screwdriver** (スクリュードライバー)
11. **Bacadi** (バカディ)
12. **Tequila Sunrise** (テキーラ　サンライズ)
13. **Wallbanger** (ウォールバンガー)
14. **Tonic** (ジンなどをトニックウォーターで割ったもの)
15. **Sombrero** (ソンブレロ)
16. **Stinger** (スティンガー)
17. **Pina Colada** (ピナ　カラダ)
18. **Rob Roy** (ラブ　ロイ)
19. **Black Russian** (ブラック　ロシアン)

20. Scarlett O'Hara（スカーレット　オハラ）

★アメリカで，あるいは日本でアメリカ人と飲む時，せめてこれくらいの飲み物の名前は知っていたほうがよい。男性ならなおさらである。

　これらの他にも飲み物はある。チャンスがあればひとつひとつトライしてみよう。

★この他に wine や punch があり，wine は食事と一緒に，punch はパーティ用飲み物。

　飲み物に付随して覚えておきたい英語がある。イラストを見ながら頭に入れておこう。

日本人の苦手な いざという時の 表現術

●ビビッドなあいさつから会話を始めよう！

　英語のあいさつの決まり文句 **Hello** または **Hi, how are you ?** といわれたら，あなたはどんなふうに答えるだろうか。

　ほとんどの日本人が **Fine, thank you.** こればかりくり返していては，いかにもまだ英語に馴れていない感じがどうしてもしてくる。

★そこで How are you ?　と聞かれた時の返事の仕方をいくつかご紹介しよう。

　　1　　**Oh, not too bad, how is yourself ?**
　　2　　**Fine and dandy !**
　　3　　**Oh, can't complain.**
　　4　　**Fair and partly cloudy.**
　　5　　**Oh, I guess I survive.**
　　6　　**I'm not so sure…**

　さて，1は「まあまあってとこ。君はどう？」
　2は「元気ばりばり」
　3は「まあ，文句なし……いいほうだよ」
　4は冗談めいたいい方なので，おエライさんなんかには使わないこと。fair は「いい」という意味だが，全体が天気予報みたいになっているジョーク的返事。
　5と6は，その前の晩お酒を飲み過ぎた人がよくす

る返事。5は「まあ生き残れるんじゃないかな」。6は
「自分でもあまり自信ない……」。つまり，かなり二日
酔いがひどいってこと。

●体の具合を相手に伝える

　病気に関する語彙は無数といってよい。なにしろ病
名など，日本語であってもなじみのないものがいくら
でもある。

★もしそんな病気にあなた自身，あるいはまわりの人
がかかったら，そのつど辞書をひいて覚えるとして
（通常発音の難しいものが多い），自分の身体の具合の表
現の仕方と，ある程度必要な健康に関する表現を覚え
ておくようにしよう。

★《気分，具合の悪い時の表現いろいろ》

I don't feel too good.（気分がよくない）

I'm not feeling well.（　　　〃　　　）

I seem to have caught a cold.

　　　（カゼをひいたみたいです）

I have a cold.（カゼをひきました）

I seem to have a little fever.

　　　（少し熱があるみたいです）

I have a fever.（熱があります）

I have the flu.（流感にかかりました）

I have a terrible cold (flu).
（ものすごくタチの悪いカゼにかかりました）

I have a headache.（頭が痛いです）

I have a splitting headache.
（頭がわれそうに痛いです）

I have a stomachache.（おなかが痛いです）

I have an upset stomache.（胃がむかむかします）

My stomache is upset.（胃がむかむかします）

I've got no appetite.（食欲がありません）

I don't feel like eating anything.
（何も食べたくない）

I threw up.（吐きました）

I feel like throwing up.（吐き気がします）

I have a running nose.（鼻水が止まりません）

I have a bad cough.（せきがひどいです）

I have a sore throat.（のどが痛いです）

I have a muscleache.
（からだのふしぶしが痛みます）

I feel dizzy.（めまいがします）

I want to get rid of cold.（カゼをなおしたい）

Keep yourself warm.（暖かくしていなさい）

I have a toothache（teethache）.（歯が痛いです）

　　　＜注：1本なら **tooth**，2本以上なら **teeth**＞

I had my tooth（teeth）pulled.（歯を抜きました）

I have two bad teeth.（虫歯が2本あります）

This is a false tooth.（これは入れ歯です）

I had an operation on my leg.

　　　（足の手術をしました）

He is going to have an operation for appendicitis.

（彼は盲腸の手術をすることになっています）

The cavity came off.

　　　（つめものが取れてしまいました）

He is in the hospital.（彼は入院しています）

He is hospitalized.（彼は入院しています）

I got a shot.（注射をしました）

The skin irritated.（皮ふが炎症をおこしています）

My eyes are irritated.（目がちかちか痛みます）

I have a stiff neck（肩がこる）

★おかしなことに，外人から，私の経験だとアメリカ人であるが，肩がこるというのをほとんどきいたこと

がない。同じように足腰の"冷え"と日本人はいうが，やはりこれもアメリカ人にはないらしく，誰も足や腰が冷えるとはいわない。日本人とアメリカ人に身体的相違はないとはいえないようである。

★**period** はピリオド，いわゆる「終止符」という意味だけではないことを知っているだろうか。とくに女性の読者にとっては，覚えておいてもよい使い方があるのが **period**。

period は「期間」とか「時期」の意味でよく使われる単語だが，女性だけにかかわりのある「生理」という意味がある。

生理は，辞書でみると **menstruation** という単語がある。日本人のいう「メンスがある」はこの言葉からきている。

しかし，日常会話では，私の知る限りアメリカ人女性は「生理中」に menstruation や menstruated を使うのを聞いたことがない。彼女らは period を使う。

I'm on my period.（私，今，生理中なの）

といい，これがほとんどのアメリカ人女性のいい方である。

★余談だが，**AFN** に在籍していた頃，日本人女性の間で，**PL** という言葉を使っていた。これは生理休暇のことで **physiological leave** の略。

period はまた，江戸時代，室町時代，鎌倉時代などの，「時代」もその使い方のひとつ。

Edo period, Muromachi period, Kamakura period
のように。

●《疲れた時の表現》

I'm tired. これは学校で教わるし，少し英語を知っている人なら誰でも使う。

しかし実生活においては，この他の表現を使って"疲れ"を表現することが多い。ぜひ覚えて使ってみれば，あなたも"できる人"に見えることうけあい。

I'm exhausted.（すごく疲れた。くたくたに疲れた）

I'm dead.（疲れた，もうダウンだ）

I'm pooped.（くたくたに疲れた）

またI'm tiredという場合も，I'm very tiredとveryという形容詞を使うばかりでは能がないし，"すごく"疲れている感じがでないので，このような形容詞を付けよう。

I'm awfully tired.

I'm terribly tired.

I'm extremly tired.

I'm dead tired.

●「トイレに行きます」はどう表現すべきか

尾籠な話であるが，人間である以上，用を足す場所は，必要不可欠である。

日本人が今，いちばん多く使っている「用を足す場」の名称は，たぶんトイレかお手洗いではなかろうか。ちょっと落ちて便所，これでたった三通りのいい方である。

★英語になると，実にさまざまな名称があり，全部覚えておくことをすすめる。相手はどの言葉を使って

「用を足す場」の話をしているのかわからないのだから。

★我々日本人のいうトイレにあたる言葉は英語になるとこんなにある。

　toilet／**man's room**（男性用）／**lady's room**（女性用）／**powder room**（女性用）／**lavatory**／**bathroom**／**head**（これは軍隊に入っている人が使う）／**John**／**washroom**／**rest room**／**lautrine**／**pot**

★さてこれらの中で，男性のみが使う言葉は **head** と **John** と **pot**，女性は I'm going to head などとは決していわない。head とはもともと軍隊用語で，軍艦のトイレが舳先のほうに位置することから出た言葉。

　powder room は「顔に粉をはたく」ゆえに女性用というわけ。

★**bathroom** は，家庭内でのお風呂場とトイレがひとつの部屋におさまっている場合に使うべきかもしれないが，私の経験からいうと，そうでなくてもこの言葉を使うアメリカ人はいるから念のため。

★とにかくトイレを探している場合は単純に **where is～**といえばよい。

　話の途中，自分だけが中座してトイレへ行く時は，なにも Excuse me, I'm going to～とことわる必要はない。そんな場合は **Excuse me, I'll be right back**（ちょっと失礼します，すぐもどります）というほうがよい。

●外国で車の運転，さあうまくいくか！
★**car** といえば自動車，**wheel** といえば車輪とだけ覚

えていてはいけない。

　英語の単語には違った意味を持つものが少なくない
し，それがまた，知っていれば便利であり，楽しいも
の。

★あなたは新幹線に乗って英語のアナウンスに耳をか
たむけたことがあるだろうか。

　あの列車の案内のなかで **car** という言葉を使ってい
る。

　　car number 1──１号車
　　green car──グリーン車

　とこういう具合。

　wheel は車輪。あとでのべるが **steering wheel** と
なれば，日本人のいう「車のハンドル」。

　そしてアメリカ人は，車，いわゆる自動車のことを
car のかわりに **wheel** ともいう。また，**car** のかわり
に **vehicle** という言葉も使う。

★マイカーは，日本人が「自家用車」という意味で使
っているが，これはまったくの和製で，こんな言葉を
使っては全然通じない。マイカーを "英語" でいいた
いなら **private vehicle** あるいは **private car** といわな
ければ通じない。

　my car という言葉は使うけれども，これは，「あな
たの車」に対して「僕の車」や「私の車」という場合
に使わなければならない。

　Is that your car over there ?
「あそこにあるのが，あなたの車ですか？」
　That's right, that's my car.

「そう，あれが僕の車ですよ」
とこんなふうに，あくまでも，ひとの車ではなく，僕の，私の車の時が **my car** であり，「東名高速道路は，マイカーで帰省する人たちでいっぱい……」の時は，**private car**，**private vehicle** なのである。

★**big wheel** となると，車とはなんの関係もない。

big wheel とは「オエラ方」のこと。大会社の社長，会長，重役連，政府の高官など有力者や大もののオエライさん方を **big wheel** という。

★**drive** も単に「運転する」だけではない。これらは，日常会話でよく聞かれるものである。

She drives me crazy.

My boss is a slavedriver.

Is there any driving range near your house ?

drive crazy あるいは **drive nuts** というと，何らかの理由で，誰かがひどくわずらわしい思いをさせられること，誰かアタマにくる思いをさせられること。

たとえば，絶え間なくしゃべり続けている人に，あなたがへきえきしている時，**He drives you crazy.** であり，白といったかと思うと次の瞬間，黒という，しょっ中くるくる気が変わって，あなたがふりまわされてやり切れない，といった場合も，**He drives you crazy.**

My boss is slavedriver は，「私の上司は，人使いが荒い」という意味。

slave は奴隷のこと。その昔，奴隷がひどい扱いをうけて働かせられたことにその語源があると思われる。

ちなみに **driving range** は，ゴルフ練習場。

●これを覚えれば，もう仮免です

「ガソリンスタンドを出て，ちょっとバックミラーを見て，すぐにローで走り出して，ウインカーを出してさ，ハンドルを左に切ってしばらく走ってアクセルを踏みこんだ時に，サイドミラーに映ったのかと……」

上の文が，意味をなすかなさないか，この際問題ではない。問題なのは，アンダーラインの"英語"の部分を，そのまま使ったら通じないということである。★和製英語も，この例文のような言葉になると「まさか」と思うものばかりではないだろうか？

では正しい，いわゆるちゃんと"通じる英語"にこれらの言葉を直してみよう。

ガソリンスタンド━━**gas station／filling station**

バックミラー━━**rear view mirror**

ロー━━**1st gear**

ウインカー━━**turn signal**

ハンドル━━**steering wheel**

クラクション━━**horn**

アクセル━━**gas pedal**

サイドミラー━━**outside rear view mirror**

というわけである。

その他，この手の和製英語，通じない"英語"には次のようなものがある。

ナンバープレート━━**license plate**

ボンネット━━**hood**

プロペラシャフト——→**drive shaft**
　　フロントガラス——→**wind shield**
　　フロアシフト——→**stick shift**
★ギアも，日本人のいうトップギア，ローギアではだめ，ちなみに5速なら，**1st gear／2nd gear／3rd gear／4th gear／5th gear**
でなければならない。
　　ブレーキもクラッチも **brake pedal／clutch pedal**
のように **pedal** をつけていうこと。

● **ドライブはもうこれで安全？**
　車に同乗したり，人を車で送ってあげたりする場合の表現で，実際に日常会話で使うフレーズも，ぜひとも知っておきたいもの。
★最低これぐらいは知っていたほうがよいものをあげてみよう。
　　　　〜まで乗せていってあげましょうか？
　　Shall I give you a ride to_____?
　　　　〜までお乗せしましょう。
　　I'll give you a ride to_____
　　　　〜まで乗せていって下さいますか？
　　Will you give me a ride to_____?
　　May I have a ride to_____?
　　車で送りましょう。
　　I'll drive you home.
　　（もし歩いて送るのなら）
　　I'll walk you home.
　　乗れよ，家まで送るよ。

Get on. I'll drive you home.
次の信号で降ろして下さい。
Please drop me off at the next traffic light.
スーパーの前で降ります。
I'll get off in front of the super-market.
ここで降ろして。
Let me get off here.
〜の途中で降ろしてあげますよ。
I'll drop you off ozn the way to_____.

★ 「降りる」は **get off** で，「降ろす」は **drop〜off.**
drop off が「降ろす」だからといって **drop off you** と
しないように。**you** は必ず **drop** と **off** の間に入れる
こと。

　（車に）まだもう一人乗れますか？
　Is there space for one more person ?
　僕の車，何人も乗れる余裕があるよ。
　There is a plenty of room in my car.
　スペースの余裕は **room** を使う。したがって，スー
ツケース，箱，押入れ，庭などにも使う。
　There is no room in this suitcase.
　There is hardly any room for another tree in the
garden.

── 61 ──

これを知らないと会話はまったく通じない!

●"my old lady"って何の意味？──old の使い方

old という単語の使い方を知ってるか, とたずねたら, あなたは「失礼な, そんな簡単な単語!」というに違いない。

そう, オールドならたぶん小学生でも知っていよう。

She is 12 years old.

He is an old man now.

こういうのは誰でも知ってる使い方。

★アメリカ人の男性が "my old lady" といったら, これは自分の妻のことをいっているのであって, 自分の母親ではない。

Can you and Mary come to our party ?

（君とメアリー（奥さん）, パーティに出席できるかい？）

と, このような場合, たいていアメリカ人の男性は, 家へ帰って奥さんにお伺いをたてる。カカア天下であるかないかは別として, このように答えるのだ。

"I'll ask my old lady.（家内にきいてみるよ）

と, こういうわけ。

ことわっておくが, この場合, いくら old lady といっても, その奥さんの年齢にはまったく関係なし。20代だろうと 70 代だろうと old lady イコール家内なのだ。

★さてそれでは **old man** の使い方を紹介しよう。

これも年齢に関係ない **old** の使い方である。

old man は，本当に「年老いた男性」に使う場合と，社長，会長，その他役づきの上司に対して悪意のない，いやそれどころか親しみをこめた呼び方として使う場合がある。

old man のあとにそのおエライさんの名前をつけて **old man Yamashita** とか **old man Kitagawa** とかいうこともある。

ただし，その相手を目の前にして，「あのう，社長……」などと話しかける時は，このような **old man** は使わないので念のため。あくまでも本人のいない時，あなたと第三者との会話の場合だということを覚えておいてほしい。

★最後にもうひとつの old の使い方。

good old country song

good old friend

これらの場合の **old** は，古いというニュアンスよりもむしろ，「みんなのよく知っているあの」や「なつかしい」の感じ。

●「この方」「あちらの方々」はどう訳す？
──gentleman, lady の使い方

★**gentleman** と **lady** を「紳士，淑女」だとばかり頭に入れていると，とまどうことがある。

たとえば，会社の上司とか社長が平社員に，あるいは，警察とか軍隊で指揮官が部下を集めて話をする場

合，**gentlemen** と呼びかけて，スピーチを始める。女性が入ればもちろん，**ladies & gentlemen** になるわけだが，ここで注目してほしい日米の相違は，上に立つ人が部下に対して **gentlemen** と呼びかけること，である。

★**gentlemen** は，またこのようなケースにも使う。たとえば，廊下の真ん中で7〜8人の男性が立ち話をしているとする。誰かが，その人たちの間を横切って通る時，**Excuse me, gentlemen** というのである。

★名前のわからない男性女性にも **lady** や **gentleman** を使う。

This gentleman would like to see you.
　　　（この方が，あなたにお会いしたいそうです）
This lady would like to see you.
　　　（この方が，あなたにお会いしたいそうです）

　lady，イコール淑女の訳だけを覚えていると，またとまどってしまう。清掃業の女性を，**cleaning lady** や，**lady janitor** といったり，女性の家主，大家さんを **land lady** という。

　ちなみに，大家さんが男性なら **land lord** と lord がつくのも面白い。**lord** とは，神という意味もあるから。

● 「ミスター・マム」って何だ!
　　　　　　　　　　　　　　　——mom, dad の使い方

「ミスター・マム」というアメリカ映画が，話題になったことがあった。

★日本の子供たちは，ママとかパパとかいう言葉を使

うが，アメリカの子供達が，ママやパパという言葉を
使うのを聞いたことがない。子供たちは母親を **mom**
と呼び，父親は **dad** と呼ぶ。**mom** はマム，**dad** はダ
ェッドと発音する。

★**mom** と **dad** は，子供が成人した後も，親に呼びか
ける場合，**Say mom** とか，**Hi dad** という人も多い。

しかし **mommy** と **daddy** となると，これはもう「子
供専用」，日本語の「お父ちゃん」「お母ちゃん」の感
じの幼児語である。

★さて，両親イコール **parents** には違いないのだが，
parent と最後の s を取り去った言葉になると，父親
か母親いずれか一人ということになる。

★アメリカで **single parent**（s がついていないことに注
意）という言葉をよく使う。

single parent とは独身の親，これはなにも未婚の
母のみに使われる言葉ではなく，未婚の父，そして数
多くの離婚して子供と一諸にくらしている父親や母親
のこと。

母子家庭の母親は **single parent**，そして父子家庭
の父親もこれまた **single parent** と呼ぶ。アメリカで
は，父子家庭も珍しくない，日本では離婚した場合，
たいてい子供は母親に引きとられるが，アメリカでは
さにあらずなのである。

★面白いことに，アメリカ人は **single parent's meeting**
というのを持つ。これも時代だと思うが，子連れで離
婚した父親や母親，そして未婚の母やはたまた未婚の
父親たちが集って，お互い悩みや問題を持ち寄って助

け合ったり，友好を暖めたりする，といったことをや
っている。

●"Give me chocolate！" はもう古い？
——have のうまい使い方

★人に物をあげる場合，最初に思い浮かべる言葉は，
give ではないだろうか？

同じく，人に何かを下さいと頼む時も **give** を思い
浮かべる日本人が，多いことと思う。

「これをあなたにあげましょう」

　　I will give this to you.

「これを私に下さいますか？」

　　Will you give this to me ?

ところが，実際には give という言葉を全然使わず
して，同じ意味の会話をしているのである。このよう
な英語はぜひ使ってみよう。

You can have it.

You may have it.

That's yours.

　　（それを，あなたに上げますよ）

May I have it ?

I wonder if I can have it.

Do you mind if I take it ?

　　（もらっていいでしょうか？）

● OK だけではバカにされるゾ!

──**okeydoke, okeydokey** の使い方

OK と **all right**, この簡単で, 子供でも知っている言葉を今さらとりあげるには, ちゃんとそれなりのわけがある。

★まず, 読者は **okeydoke** や **okeydokey** を会話で使ったことがあるだろうか? アメリカ人は, これをしばしば使う。

okeydoke は, カタカナで書くと「**オーキドック**」**okeydokey** のほうは「**オーキドーキ**」

この二つとも OK と意味は同じ, ただし, あらたまった会話では使わない。親しい間で, くだけた会話に使う言葉。

★似たようなもので **all right** というところを, アメリカ人はよく **all righty**「**オール ライティ**」という。

yes にもくだけた面白いいい方がある。

yes sirree「**イエッサリー**」と発音する。

これらは, いずれも先生とか上司と話す時はひかえ, 友達同士, 家族との会話で使えるもの。

●「どうぞご心配なく」「ああ, いいよ君」

──**bother** の使い方

bother という単語の意味を辞書でひくと「〜に迷惑をかける, うるさがられる, 悩ます」と, こんな日本語訳が出ているだろう。

たとえば,

She bothers me so much.

── 67 ──

といえば、「彼女は私を悩ます，面倒をかける」という意味。

★ところがこの **bother** という言葉，意外な使い方があるのである。

Don't bother about it.

　これは，「どうぞそのことについては，ご心配なく」という意味なのである。

　最初にあげた例文のなかの **bother** とだいぶ意味が違ってくる。

★もうひとつ例文をあげよう。

　たとえば，上司が部下に，何かを取りに他の部や課へ行ってきてくれ，と頼んだとする。部下が出ていこうとした時，その上司は急に部下を行かせる必要がなくなったという場合，「ああいいよ君，もう行かなくてもいい」

これを英語にすると，

Don't bother. I don't need it now.

★もうひとつ例をあげよう。

　グループで食事に行ったとする。一人を残して，注文した食事が全部運ばれてきた。一人のために他の人たちが待っているのは気の毒と，その人はこんなふうにいうことになる。

Don't bother waiting for me. Go ahead and eat.

　これは，「待っていてくれなくてもいいから，どうぞ先に食事を始めて下さい」という意味。

　bother という単語をいかに会話で使うか，わかっていただけただろうか。

●「そんなこと，たいしたことじゃないさ」

——deal のうまい使い方

★**deal** という単語を辞書でひいてみると，「物事を取り扱う」とか，「物事を論じる」とか，そんな意味が出ている。

★しかし，**deal** はその他にも意味があり，日常会話に使われている例を紹介しよう。

まず，**It's no big deal.**

この場合の **deal** は，「取り扱う」ではない。このフレーズの意味は「たいしたことではない」である。

It's no big deal. をどのような場合に使うか具体的な実例をあげよう。

I wonder if he is coming here today ?

「彼，今日ここへくるんだろうか？」

If he doesn't, that's no big deal.

「もしこなくても，そんなことたいしたことじゃないさ」

no を取りはらって，**Big deal !** これも日常会話で使われるもの。

You know something ? Bill said he spent 1000 dollars for his new coat.

「知ってるかい？　ビルは新しいコートを買うのに千ドルも使ったといってたよ」

Big deal !

「ふん，それがどうしたっていうんだ*!*」

★**no big deal** の，もうひとつスラングっぽいいい方は **no biggy** である。意味は「たいしたことじゃない」ではあるが，**You are welcome** の代わりに，これを使うことがある。

Thank you for〜と何らかのお礼をいわれた場合，「いいんだよ，そんなこと」のような感じで，**No biggy** といったりする。

●これを知らないと「落ちこんでしまうゾ」
——moral と morale はこれだけ違う!

★**moral** と **morale** は，われわれ日本人にとって，まぎらわしいのではないか。

両方とも，カタカナで書くとモラルになってしまう。

ところが，このふたつの単語，語尾に e がついているのといないのでは，発音も違えば意味も全然違うのである。

moral は，**mo にアクセント**を置き，「モーラル」
のように発音する。

片や **morale** のほうは，**ra にアクセント**を置いて，
「モラアール」と発音する。

★さて意味であるが，**moral** のほうが，日本人のよく
使う「モラル」にあたり，「道徳上の，道徳に関する」
という意味である。

★**morale** の意味は「士気，元気」という意味である。
士気，とか元気というとあまり日常会話には使わない
ような感じを持つ読者があるかもしれないが，そうで
はなく，意外と使えるのである。

My morale is low today.

これは「今日，私，気分的に落ちこんでるんです」
という意味。

その反対に，「今日，僕は張り切っちゃってるんだ」
なら，

My morale is high today.

と，low の代りに high を使えばいい。

というわけで，moral と morale，どちらかといえ
ば morale のほうが日常会話で活用できると思う。

●**"Let's have a ball together."** ──???
★**ball** はボール，球，今さらいうまでもない。だが，
ちょっと待て，**I had a ball last night.** を，あなたは
どう訳すだろうか？

「昨夜，球を持っていた」などという意味ではない。
「昨夜は，ものすごく楽しかった」が，その意味であ

る。

★また **ball** には「ダンスもできる，かなりフォーマルなパーティ」の意味もある。

　日本で「ダンスパーティ」というと，ダンスが主で食べ物，飲み物は二の次，しかし，ball は，食事もお酒もあり，そのあい間にダンスを，というパーティである。

　ふつうのダンスパーティは dance party といわず，単に dance だけでよい。

　日本でいうソシアルダンス，つまりディスコダンスのようなのではなく，正式にステップをふむダンスは **ball room dance** といわなければならない。

　「一緒に最高に楽しもうよ」なら **Let's have a ball together.**

●こんな発音では通じない——VIP，FEN，UFO

★日本人が「ビップ」という言葉を使っているのをよく耳にする。ビップルームとか，ビップ用など……。これは **VIP**，つまり，**very important person**，重要人物，の意味で使っているのだが，ビップといってもアメリカ人には通じない。**VIP** という言葉は確かにあるのだが，「**ヴィー　アイ　ピー**」といわなければ通じない。

　そして，未確認飛行物体の **UFO** もまた同じ，日本人は「ユーフォー」というが，これも「**ユー　エフオー**」である。

　ちなみに **UFO** は **unidentified flying object** の略で

ある。

　前述のビップのような日本式発音は，癖になってい
ようから，意識して直さないといけないだろう。

● skin magazineってどんな本だ？
──skin，dirty のうまい使い方

★日本語でいうと，人間の場合は皮膚といい，動物の
場合だと皮という。

　また人間の場合，時によっては皮膚という言葉を使
わず，肌といったりする。

　日本語だとこのようにいろいろだが，英語になる
と，皮膚も皮も肌も **skin** である。

★さてこの **skin** という言葉は，他にこんな使い方が
ある。

「皮をはぐ」という動詞も **skin** でよい。だから「熊
の皮をはぐ」は **skin bear** となる。読者にとって意外
であろうと私が思うのが，**skin magazine**，これは，
ポルノ雑誌のこと。

　そして **skin show**，これはヌードショウ，ストリッ
プショウのことである。

　skin を **obscene** に代えてもよい。**obscene** とは「卑
わいな」という意味，だから **obscene magazine** イコー
ル **skin magazine** ということになる。

★はたまた **dirty** も同じである。**dirty magazine** とは
obscene magazine なのである。**dirty show** は **obscene
show** だということである。

★アメリカ人がよく，**dirty old man** というのを耳に

する。日本語に訳すと，どうもピッタリくるのがない
のだが，さしずめ，「エッチな男，スケベエ」といっ
たところか……。しかしこの二つの訳も100パーセン
ト適確ではない。アメリカ人の男性は，社会的レベル
の高い人，知識人といわれる人でもしばしば，**"I'm
dirty old man."** ということもある。

★古今東西，男性の本心がスケベエなものであるか
どうかを論じるつもりはないが，アメリカ人男性は，
"I'm dirty old man." というのを誇りに思っているよう
にも聞こえる。

「俺は正常な男だ」という意味あいがあるように思
う。これは長年，アメリカ人男性がこの言葉をいう時
の状態を見てきた上での私の実感である。

すでにのべたが，dirty old man の old は「年とっ
た，年老いた」の意味だと取らないほうがよい，20
歳代でも60歳代でも同じようにdirty old man という。

同じく，年令にかかわらず上司のことを **old man**
ということがある。これは社長のことを「オヤジ」と
日本人がいうのと同じ感じで使えばよい。

●これを知らなきゃ会話力は「行き止まり」
——dead の四つの使い方

★dead イコール「死」と思うようでは，アメリカ人
のいっていることが，わからない場合も多いことだろ
う。

まず最初に **dead weight.**

例をあげてみよう。

A mammoth tanker of 116,000 dead weight tons is built.

これは「11万6千トンのマンモスタンカーが造られた」という意味であるが，この場合，dead がなくても意味が通じるように見えると思う。**weight** に **dead** がつくと，「ずっしりと重い」場合の重量の表現となるのである。ただしその重さが，自力で動けないものの重量に限るので，相撲の力士の体重には使えない。

★次に **dead end** これは「行き止まり」でこのように使う。

It was dead end there.

「そこは行き止まりだった」で，日本語の袋小路も **dead end** である。

★**I'm serious.** といえば「私は真剣です」であるが，**I'm dead serious.** と dead が入ると，その意味がぐんと強められる。つまり「マジメもマジメ，大マジメです」とか「ほんとうに，真実，真剣な」という意味になる。

dead にも，いろいろ使い方があることを覚えておこう。

●「女」の呼び方，「男」の呼び方

★**Jane Doe**（女性）や **Joe Doe**（男性）は，日常会話でもよく出てくる言葉で，特定の人名ではなく，名前のわからない人を指す。

Jane Doe や Joe Doe は「どこかの誰か」のことな

のだ。

　たとえば「昨夜，どこかの誰かが電話をかけてきて……」なら，

　Last night, some Jane Doe called me, and〜
となり，「どこかの誰かが文句たれてるよ」なら，

　Joe Doe is complaining.
となる。

「どこかの誰か」をなぜ Jane Doe，Joe Doe というかといえば，Jane も Joe もきわめてどこにでもある名前，そこへいくと Doe のほうは，まずないであろう姓だということで，あたりさわりのないところで，名前のわからない人を指してこのような呼び方をする。

　会話に出てきた時覚えておくと意味がわからずまごつかずにすむというもの。

　余談になるが **"long John"** という言葉の意味をおわかりになるだろうか。"長いジョン"といっても背高のっぽの John という意味ではない。long John とは男性用の下着，モモヒキのことなのである。

PART 3

感情ムキ出し，
ユーモアたっぷり，
これが決め手！

相手をウキウキ させるこんな "ほめ言葉"

●"ほめる" は会話の原点である

　一昔前までは，日本人は喜怒哀楽の表現が苦手だといわれてきた。

　どんなに嬉しい時でも，どんなに悲しい時でもストレートに表情にださない。はっきりと断わるべきところを「前向きに検討します」とかという言葉でお茶をにごしてしまう。会話もあいまいになりがちだ。

　もっとも，今ではかなり「改善」されてきてはいるものの，まだまだぎこちない英語がハンランしているといえる。

★本章では，喜び，怒り，悲しみ等の感情表現を中心に，感謝の表現法，お詫びの仕方，相槌のうち方等，具体的実例を交えながら，もっとも英語らしいイキな会話術を網羅した。

★会話は常に生きている！　表情たっぷり，身ぶり，手ぶりを交えながら，時にはアッと驚くジョークを飛ばそう。

　時には口角泡を飛ばしながらの議論（あるいはケンカ）もいいではないか。英語でケンカができればもう一人前だ。──とはいってもはじめからケンカはいただけない。

★人間関係を円滑にするため，まずは"ほめ"の表現

から。

　人をほめる，人の持ち物をほめるのは，洋の東西を問わず同じだが，アメリカ人のほうが日本人よりも，ほめる率が高い。しかし，ここでほめるというのは，社交辞令に入るお世辞のたぐいも含む，ということをお忘れなく。

●男性が女性をほめる場合

　女性をほめる時の言葉は，やはり覚えておいて損はない。

　最近は日本人男性も，女性にずいぶんと親切になっている，と私は思うのだが，やはり女性に対するほめ言葉となると，まだまだという感じがする。

★アメリカ人男性が，社交辞令のように女性をいろいろほめるとあれば，（心にもないこともあるかもしれないが）あなたもアチラの習慣を覚えておいては？

　You're beautiful.

　You're attractive.

　You're pretty.

のような基礎的で，決まりきった表現ではその効果もうすく，「あら，そーお，ありがとう」と軽く聞き流されてしまうかもしれない。

★そこでもっと具体的にというか，その女性の魅力を表現するのに，アメリカ人はこんなことをいったりする。

　You look very nice today.

　　　（今日は，とてもすてきだね）

You look good in red.

　　（あなたは，赤がよく似合いますね）

That's a pretty dress you are wearing.

　　（その今着ていらっしゃる服はきれいですね）

You look really sharp in that outfit.

　　（その服装のあなた，実に粋ですね）

You look so pretty today.

　　（今日は，すごくきれいですね）

Hi…good looking.

　　（ヤア，美人チャン，今日はカワイ子チャン，など）

Hello, beautiful. （今日は，美人チャン）

★アメリカ人女性に，これらほめ言葉を使う場合，
覚えておくこと，それはなにも若い女性にだけ，独身
の女性にだけとは限らないということだ。

　おばあちゃんが，きれいな服，あるいは新調の服を着ていたら，ほめてあげる。ひとの奥さんでもほめるのは一向にさしつかえないのだから，どんどんほめてしまおう。

　相手方から悪く思われることはない。たいていの場合，相手はそれで気分をよくする。

★**You look good in red** の表現，これは相手が赤い服を着ている時に使う。相手の服の色によって red のところを変えなければならない。ちなみに色の英語は次のとおり。

　**red／yellow／white／grey／black／beige／
　blue／purple／brown／lavender／green／pink**

　さて，ここにあげた色は，今さら覚えるまでもなく誰でも知っているであろう。発音に気をつけてほしいのは **beige**。これを日本人はベージュというが，**ベイジ**でなければならない。

★さらに **blue, green, yellow, pink** などは，それぞれ細分され，同じ青でもいろいろの青色がある。

　たとえば **blue** といっても **navy blue**（紺）**powder blue**（薄いブルー）**aqua blue**（淡緑青色）などと，いろいろなタイプのブルーがある。

★ピンクの場合 **shocking pink** というのがある。これは日本でいうところの牡丹色にあたる。

　purple と **lavender** の違いは，前者が紫で，後者が藤色。

　青みがかった黄色を **canary yellow** といったりする。

●日本流にほめるとこんな誤解が生まれる

　She is smart.——訳して「彼女はスマートです」である。

★日本人の場合，この意味は「彼女は身体の恰好がいい」といっているのに反して，英語で **smart** といえば，「彼女は，頭がいい」という意味なのである。

　ただし，**smart-aleck** になると利口ぶって鼻持ちならない人，うぬぼれている人の意。

　身体の線が美しいとか，プロポーションがいいのは smart ではない。

★いわゆる日本人のいう「彼女はスマートだ」を英語にすると，こうなる。

　She has a nice figure.
　　　（彼女は，プロポーションがいい）

　She is slender.
　　　（彼女は，スラリとしている）

　となる。**slender** は，スラリとしている，であるが，「やせている」ではない。やせている人は，このような表現である。

　He is thin.

　She is skinny.

いずれも「やせている」であるが，**skinny** のほうが **thin** より「やせっぽち」の度合いが強い。

★日本人は「あなたは，やせていていいですねえ」というが，アメリカ人には，いわないほうがいい。やせていることは，きれいなプロポーションではないからである。

「ふとってもいないし，やせすぎてもなく，ちょうど
いいですね」とお世辞のひとつもいう時は，こんなふ
うにいう。

You're just right.

★日本人のいう「スタイルがいい」も英語にすると
通じない。**style** とは体つきにあらず様式，〜ふう，
やり方なのである。

「スタイルがいい」といいたい場合は，**You have a
nice figure** という表現を使う。

ふとっている人は **fat** あるいは **over-weight.**

He is fat.（彼はふとっている）

She is over weight.（彼女は，ふとりすぎている）

★デブにあたることばに **fatso** があり「ファッツォ」
と発音する。

fat はまた「脂肪」を意味する。肉のあぶら身の部
分も **fat.**

食べてふとる食べもののことを **fattening** という。

日本人が「あの人，ダイエットしてるのよ」という
と，100 パーセントその人はやせようとして食事療法
をしているのだが，欧米人が，**He is on a diet.**「彼は，
ダイエット中」といったら，その人はふとろうと努力
している可能性がある。

★つまり，ダイエットとは，体重調節のための食事
療法のことで，「減食」のことではない。

やせたい人が，ダイエットをすれば，食べないよう
にするダイエット，ふとりたい人なら少しでも体重を
ふやすべくカロリーの高い食べものを食べるのがダイ

エットということになる。

　ちなみに体重の増減は，このように表現する。

I want to lose weight.（体重を減らしたい）

Did you lose weight ?（少しやせたんじゃない？）

I lost 3 kilogram.（３キロ，やせた）

I gained weight recently.（最近，ふとった）

Did you put on some weight ?（少し，ふとった？）

　空腹の表現も **I'm hungry.** から，いろいろある。いわゆる「腹ペコ」の状態は **starve**（飢え）という単語を使ってこのように表わす。

I'm starved.

I'm about to starve.

I'm starving to death.

●あらゆる場面で使えるこんな"ほめ言葉"

　どんな場合にでも使える気のきいた言葉で，相手をほめていることになる，という表現がある。

Oh, I'm so jealous of you.

　直訳すれば，「私はあなたに嫉妬している」であるが，この場合そうではない。いい意味で，相手の幸せとか，相手に起こったいいことなどを間接的にほめているのである。

★たとえば，友だちがすばらしい旅行をしてきた。そしてその楽しかったことをあなたに報告する……目を輝やかせながら。そんな時いうのである。

Oh, I'm so jealous of you.

これで，相手はいい気分になる。

That was good.（良かったわ）より気持ちが伝わろうというもの。

You turn me on when you're wearing that perfume !

★**turn on** は，ラジオやテレビのスイッチを入れる時にも使う。

Turn on the radio.（ラジオをつけて下さい）

さて turn と on の間に me や you を入れると **turn me on, turn you on** となり，まったく違った意味になる。**turn** と **on** の間に「人間」が入ると，「興奮させる」とか，「陶酔させる」という意味になる。

したがって，上記の例文なら，「その香水をつけている時の君，僕しびれちゃうよ」とこんな感じの意味になる。

turn ～ on は男女ともに使える。

He doesn't turn me on.

　　（彼には，ぜんぜん魅力を感じないわ）

　　（彼，私の好みではないわ）

とこんな感じ。

ついでに，英語では，液体の香水でも，着る物と同じように **wear** という言葉を使う。

●**料理をほめてもっとご馳走になろう!**

さて食事を御馳走になったら，やはりほめ言葉のひとつも必要になる。美味しいと思ったら，このようにほめよう。

Oh, it's so good.（ああ，美味しい）

Oh, it's delicious.（　　　〃　　　）
You are a good cook.
　（あなたは料理がお上手なんですね）

The meal was great.（すごく美味しい食事でした）
★さて，次のは私自身がよく使った，いわゆるヒロ
コ風のほめ言葉である。

Everything was so good that I ate too much.
I'm going to gain weight.
　（お料理のどれもがあんまり美味しかったので，
　食べすぎてしまいました。体重が増えると思いま
　すよ）

I ate so much. If I get fat because of these good
food, I'm going to send you a bill for new dresses.
　（たくさん食べちゃいました。もしこの美味しい
　食べものゆえにふとってしまったら，私，あなた
　に新しい服の請求書を送るわ）

　要は，食事をご馳走してくれた人をいい気分にさせ
ればいいわけだから，このようなことをいえば，いい
気分にさせるとともに，笑いもさそって一挙両得。

時には 英語でケンカを してみよう

●ありったけの気持ちをぶっつけよう

　人間誰しも感情の動物，いつもニコニコしていて，怒る理由のない人生をおくることができれば，それにこしたことはない。

　しかし現実の社会はそうはいかない。侮辱されたりプライドにかかわる問題に直面したりする時，怒りを表す必要があるかもしれないし，あなたもケンカのひとつやふたつ，アメリカ人とするかもしれない。

★私はなにもケンカを奨励しているわけではないが，英語のケンカだとて相手にいわれたい放題，こちらにいい分があるのに，英語でいえないというだけで無念の涙を流す，ということにならないよう，最少限の言葉を用意しておこう。

So what !?（だから，どうだっていうんだ !?）

> **That's not your bussiness.**
> **Mind your own business.**
> **Don't stick your nose into someone else's business.**

　　　（ひとのことに，口出すな。お前の知ったことか！）

Leave me alone !（放っといてくれ！）

Do you know what you are talking about ?

　　　（自分で何いってるかわかってるのか！）

Heck with _____ !（──なんかどうだっていい）

Nonsense !（意味ないよ*!*）

Just listen to me for a moment !

（俺のいうことも聞け*!*）

Wait a minute ! That's not what I meant to say...（待てよ，そういうことをいったんじゃない）

Don't play game !（策略は止せ）

You should applogize !（あやまれ*!*）

Now be honest !（正直にいえ）

Don't fool me !（俺をだまそうったってダメだ）

Don't you ever repeat it !（二度とそれをいうな*!*）

It has nothing to do with me !

（そんなもん，俺と関係ない）

I have nothing to do with him !

— 88 —

（彼なんか，俺とは何の関係もない!）

That's not my fault !（俺のせいじゃない!）

That's your fault !（おまえのせいだ!）

You caused the whole problem !
（おまえが問題を引きおこした!）

Don't fuss at me !（ガミガミ文句をいうな!）

Don't raise your voice !（大きな声を出すな!）

Be quiet !（黙れ）

Shut up !（ 〃 ）

●アメリカ人はこんな言葉を頻繁に使う

　アメリカ人同士の会話をそばでじいっと聞いていると，時々，わけのわからないというか意味をなさない言葉が入っていることに気づくだろう。次の例のアン

ダーラインの箇所がそれである。

That is a <u>cotton-picking</u> lie !

That is a <u>God damn</u> lie !

I'll be <u>doggoned</u> if I go to work !

　このアンダーラインの部分を入れて会話ができるようになったら，あなたも相当イケルはず。

★まず **cotton-picking** や **damn** や **God damn** など文中から取りはらってしまっても，まったく意味は通じるのである。

　cotton-picking も **damn** も，「いまいましい」とか，「いやな，いやらしい」のような意味なのだが，意味にあまりこだわらないでもよい。

　doggone のほうも同じく，「いまいましい」のような意味だが，直訳して考えないで，このような訳であると覚えておこう。

That is a cotton-picking lie !

　　　（それは，ひでえ嘘だよ）

I'll be doggoned if I' go to work !

　　　（俺が仕事に出ていくような，そんなマヌケであってたまるもんか！）

★**cotton-picking** で次にくる言葉を形容すると「つまらない，ひどい，くだらない」ということ。

　cotton-picking party, cotton-picking car, cotton-picking music などなど実にいろいろ。

　doggone は上記の例のように動詞として使う場合の他に，形容詞としても使える言葉。

　doggone rain（いやな雨）といった具合。

　アメリカ人の会話には，このような言葉がよく入る。注意深く聞いていると，あなたにも聞きとれるはず。そして本書を読んだあなたは，聞きとれた言葉が何を意味するのかもうバッチリ，というわけである。

●ピシャリと拒否する

　欧米人は，日本人に比べて個人的なことにはふれないし，自分のことも人が個人的に立ち入ることを嫌う。であるから，あなたも個人的なことに立ち入られたら，はっきり意志表示をして，しりぞけるようにしよう。

★またあなたがつい，個人的な質問などをして相手の欧米人に何かいわれた場合，理解できるようになっておくために，少なくとも次の表現ぐらい頭に入れ，使いこなせるようになっておくとよい。

That's personal.

　　（それは個人的なことです。注：That's　private
　　ではない）

感謝・お詫びの気持ちをストレートに伝える

●大の大人が Thank you very much では !?

お礼をいいたい時，感謝の気持ちを表現したい時，いつも Thank you very much でいいだろうか？　あるいはそれだけで，満足できるだろうか？

★心の底から，真実嬉しくてお礼をいいたい場合，Thank you very much をくり返しただけでは，なにかいい足りない感じがするはずである。

それに大人が Thank you very much をくり返すだけでは，なんとなくサマにならないものである。

お礼のいい方も，時と場合によっていろいろ覚えておいたほうがよい。

★とくに注意していただきたいことは，自分がいかに感謝しているかをいくらオーバーに伝えても過ぎることはない，ということである。うんとオーバー気味に伝えることを身につけよう。

次の表現を使う時，必ず顔の表情もともなうこと。仏頂面でいっても，意味がない。

★《親切や，よくしてもらった時》

Thank you for your kindness.

Thank you for being (so) nice to me.

★《思いやり，気づかいなどに対して》

Thank you for your thoughtfulness.

Thank you for being nice to me.
★《援助や協力に対して》
Thank you for your help.
Thank you for helping me out.
Thank you for your co─operation.
Thank you for the trouble.
★《世話になった人に対して》
Thank you for everything.
★《気前よくなにかしてもらった時》
Thank you for your generosity.
★《その他》
Thank you for coming over.
　　（来ていただきありがとうございました）
Thank you for calling.
　　（お電話をありがとうございました）
Thank you for the lovely present.
　　（すばらしい贈り物をありがとうございました）
Thank you for taking time.
　　（時間をとって下さってありがとうございました）

●こんなスゴイ表現，誰も知らないゾ!
　Thank　you といわずに感謝の気持ちを伝えるいい
方もある。とくに次のような表現を覚えておくと，本
当の気持ちがもっとストレートに伝わるはずだ。
I'd appreciate it.（感謝しますよ）
It's awfully nice of you.
　　（ほんとうによくしていただいて……）

I don't know what to say.

　　（なんといったらいいか……）

Let me reciprocate your kindness.

　　（いつかお礼になにかさせて下さい）

★私自身がよく使う言葉に，こんなのがあり，いわれた相手は大変満足そうであるので紹介しておく。

I don't deserve to accept it.

　　（私には，すぎたものです。私は受けるに足る人間ではありませんのに）

Gee, I don't know what to say.

　　（ああ，何といったらいいのでしょう）

Oh, you are so nice !

　　（あなた，何といい人なのでしょう）

Oh, you are so kind !

　　（あなた，何と親切な人なのでしょう）

I don't deserve it.

　　（こんなによくしていただく資格がありません）

You're spoiling me.

　　（あんまりよくしてもらうので，私が好意に甘えてしまうではありませんか）

Oh, how am I going to reciprocate your kindness.

　　（ああ，ご親切に，どうやって報いたらいいのか）

I appreciate your kindness.

　　（ご親切，感謝しています）

I appreciate your thoughtfulness.

　　（お心づかいを感謝しています）

Thank you for your thoughtfulness.

（お心づかい，ありがとうございます）

That's the nicest thing you have done to me.

（あなたが私にして下さったこと，本当にうれし
いです）

You don't know how much I appreciate it.

（私が，あなたにどんなに感謝しているか，伝え
ることができたら……）

● I'm sorry 以外のうまい表現法

人間，誰しも完璧というわけにはいかない。あやま
ちも犯せば，人を傷つけたりすることもあるだろう。

しかし大切なのは，あやまちならそれを認め，人を
傷つけたら詫びる心。それがなければ世間を渡ってい
けはしない。これは，日本でもアメリカでも同じだ。
★英語で詫びる場合，ただ I'm sorry といってペコペ
コ頭を下げているだけでは，心が通じないし，第一，
カッコ悪いことこの上ない。どうしても，いくつかの
表現を覚えておきたいものである。
★そして，ついでに I'm sorry にも違った使い方があ
るということも，この際一緒に覚えてしまおう。

日本語でいう「ごめんなさい」「すみません」「申し
わけありません」には，次のような表現があるのは，
読者も知っているはず。

I'm sorry.

Excuse me.

Pardon me.

さて，それではどんな場合に，どれをどのように使

うか，例をあげて説明しよう。

★《時間におくれて人を待たせたりした場合》

I'm sorry I'm late.（おくれて，すみません）

I apologize for being late.

（おくれたことを，あやまります）

意味を強めるには **I'm very sorry** と very をつける
が，その場合 very を強くいう必要がある。でないと
本当に very の意味が相手に伝わりにくい。

very の代わりに **extreamly, terribly, awfuly** もよ
く使う形容詞である。

★《あやまって足を踏んだり，ぶつかったりした場合》

Oh, excuse me, Did I hurt you ?

（失礼しました，どこか痛くしましたか？）

Oops, excuse me.（おっと，失礼）

Pardon me. Are you all right ?

（失礼しました。大丈夫ですか？）

Oops はよく使う驚きやうろたえの気持ちを表すい
い方である。物をあやうく落としそうになった時など
にも使う。

★《非を認めてあやまる場合》

I'm sorry, that's my fault.

（すみません，それは私のせいです）

I apologize. I was wrong.

（あやまります，私のほうがまちがっていました）

★《手紙で早く返事を書かなかったり，ごぶさたを詫びる
場合》

Please accept my apology for not answering your

letter sooner.（すぐにお返事しないで，申しわけありません）

Please accept my apology for not writing to you for a long time.

（ずいぶん長い間，ごぶさたしまして申しわけありません）

★さて，I'm sorry. は「ごめんなさい」のあやまりことばだけではないことも，知っていなければならない。

たとえば，あなたに何かよくないことが起きたり，落胆したりしている時，そのことを聞いた相手は通常，こういうであろう。

Oh, I'm sorry.（あら，お気の毒に）

I'm sorry to hear that.

（そういうことが《何かよくないこと》あったと聞いて，お気の毒に思います）

会話を洗練させる感嘆詞・相槌の使い方

●間のぬけた会話とはもうオサラバ

　感嘆詞を理解できなくとも，相手が何をいっているかは，その表情からわかるものである。しかし，自分の驚き，怒り，喜びなどを表現するためには，ぜひとも感嘆詞を英語でいえるようになりたいもの。

　そうしないとなんとなく間の抜けた英語をしゃべることになる。

★誰でも知っている Oh ばかり使っているとバカみたいである。それらしく英語をしゃべるために，少なくともこれくらいの感嘆詞を自分のものにしよう。

Oh, my goodness !（あーあ，やれやれ，おや）

Gee !（あらあ，ウワッ！）

Oh, for heaven's sake !（あーあ，おや！）

Oh, my God.（　　　〃　　　）

Shoot !.（ちえっ！　くそ！）

Golly.（おや　あーあ　まあ）

Darn it !（ちえっ！　いやんなっちゃう）

Whoops !（おっと！）

Holy cow !（ひゃっ，まあ，ウワッ）

Holy mackerel.（　　　〃　　　）

Holy Moses !（ひゃっ，まあ，うわあ）

Christ !（畜生，ちえっ！）

Jesus Christ !（畜生，ちえっ！）

Christ all mighty.（畜生，ちえっ！）

Goodness（これはこれは，あーあ）

Goody goody（すごいや，これはいい）

（注）これは子供の使うものだが，親しい人の間なら，半ばふざけて大人が使っても楽しいものである。なお発音は「グーディ」とは聞こえず，「グリグリ」のように聞こえる。

●あなたはもう会話のテクニシャン

人の話を聞いている時，あなたは終始，黙りこくっているだろうか。そうではあるまい。時々は相槌をうつ必要がある。

★日本語ならさしずめ，「へえー，そうなの，ええ，そうですよね，ほんとうに？ まさか，あらいやだ，それで？ そうだよな，そうかもな……」などなどがあるが，英語の会話にしても，聞いているほうは，ただ黙っているわけにはいかない。

そこで例の "Yes, yes, yes" と yes オンリーの連発となり，まことにカッコ悪く聞こえてしまうというわけだ。

★カッコよく聞こえるために，できるだけ多く相槌用の英語を頭の中にしまっておき，時に応じて使っていこう。yes, yes をこれらの言葉に変えるだけで，あなたの英語はかなり巧く聞こえるはず。

Oh, I see. （あっそう，又はそうですか）

I see. （　　　　同上　　　　）

Is that right ? （ほんとう？　ほんとうですか？）

Is that a fact ? （　　同上　　）

Really ? （ほんとう？）

Oh, yeah ? （そう？　そうなの？）

Ah huh. （ははァ）

No kidding. （まさか）

You must be kidding. （まさか）

You've got to be kidding. （まさか）

I can't believe it. （日本人がいう，"ウッソー"）

※Did you ? (or he, she, they) （そうなの？　そうなんですか？）

※Are you ? （or they, is he, is she ?）

How nice. （いいね，いいですね）

Great. （すごい，すごいですね）

Wonderful !

Outstanding !
Splendid !
Beautiful !

（すてき! やった! よかった! 最高! いいじゃない!）

That's right.（そう，又はそうです）

That's too bad.（それは残念ですね）

That's a shame.（　　〃　　）

Oh, dear.

（驚きの表現，ただし，これはいい時には使わない）

Golly.（感嘆，困惑，驚きの表現）

Goodness gracious.（　〃　）

Oh, no.（やだァ，ヘエーまさか，あーあ）

Gee.（おや，まあ，あら，など）.

Gee-whiz,（　　同上　　）

※この場合，話の内容によって you を変えなければならない。たとえば，このように。

"He bought a new car."

"Oh, did he ? "

「彼は新しい車を買ったよ」
「そうかい」

— 101 —

"Hanako got married last month."

"Did she ? "

　　　「ハナ子さん，先月結婚したのよ」

　　　「あら，そお？」

"They are gone already."

"Are they ? "

　　　「もう，皆，行っちまったよ」

　　　「あ，そうなんですか？」

　ここにあげた相槌の言葉は，驚いた時，とくに感嘆詞を使いたい時に，覚えておくと便利な共通の表現である。

●「私も同感ですよ」「そうですとも」

　会話中，とくに相手のいうことを聞いている時，相槌ばかりではなく，たまにはこちらが同意していることを伝えよう。聞いている人が同意していてくれるとわかって，悪い気分になる人はいないものである。ただし無理にというか，偽りの同意ならしないほうがいいかもしれないが……。

★同意を表すには，このような表現を使う。

　I know....... （わかります）

I understand.......（わかります）

I can imagine.......（わかります）

Of course.......（もちろんですとも）

Oh, yes.......（そうですとも）

I know how you feel.......（気持ち，わかります）

By all means.......（ぜひともですよ）

I would.......（私だってそうするよ）

I would say so.......（あなたと同じ考えですよ）

I agree.......（同感ですね）

I think so too.......（私もそう思いますね）

I'm with you.......（同感ですよ）

★同意をすることはおろそかにできない。相手にあなたが好意を持って話を聞いているということをわからせるには，同意の相槌を打つことである。

この場合も，yes, yes の連発では，相手に同意しながら話を聞いているのかどうか，わからない。

ユーモアたっぷり、Jokeで人を魅きつけよう

外国人を笑わせればあなたはもう超一流

★外国語でのユーモアの理解は，ひどく難しい。それは，ユーモアを解するにあたって，そしてそれを面白いと感じるためには，その国の言葉を理解するだけでは無理だからである。

★ユーモアを理解し，それを聞いてアハハと笑えるようになるためには，その国とその国の人々に関して，相当の知識が必要になる。といったとて，そんなに多くのことを自分の知識の一部として身につける，となるとあまりにも漠然としているし，一体何から，そしてどこから取りかかればいいのか，わからない。

★というわけで，これが一番いい方法かどうかはわからないが，私自身がアメリカのジョークを理解しようという場合は，このようなことを試みてきた。

★まず，日常から自分の目と耳をいっぱいに開いておき，アメリカの事物，ライフスタイル，その他文字通り“なんでもかんでも”興味を持って知ろうとする姿勢でいる，ということ。

　そして私は，パーティでも職場でもアメリカ人のジョークに少しずつ馴れていった。

★誰かがジョークをいう。するとそれを聞いていたアメリカ人が，ワァーと笑う。そこに居合わせた日本人

は，だいたいポカンとしている。

★私はこれを屈辱だとすら考えた。ジョークを聞いた時，自分もアメリカ人と一緒に笑えるようになりたい，また，ならねば女がすたる，とまではいかないがとにかく一緒に笑えるようになるべく努力した。何がそんなにおかしいのか，説明を求めた。わからない時はそうする他はない。「聞くは一時の恥，聞かぬは一生の恥」である。

★そうこうしているうちに，私は自分のジョークでアメリカ人を笑わせようと思い始めた。

しかし，日本のジョークを英語にしても，アメリカ人にとってまったく面白くないことも少なくない。

彼らの日本のライフスタイルや日本の事物についての知識は，かなり貧しい。といっても私のいうアメリカ人は，日本通の知識人ではない。米軍基地の，いわゆる在日米軍人，及びその家族であるから念のため。

というわけで，私は私自身で創りあげた，ヒロコ・オリジナルでアメリカ人を笑わせることを覚えた。

●日本版「郷に入らば郷に従え!」

米人　**T. G. I. F, Hiroko. Isn't that nice ?**

私　　**It sure is, but do you know something ? In Japan, we say D. A. B. K instead.**

米人　**Oh ? What does it mean ?**

私　　**Domo Arigato Buddha, Kinyoubi desu.**

米人　（laughs）

　　　米人　T. G. I. F だよ，ヒロコ，いいじゃない?

私　　ほんと。しかし日本では D. A. B. K とい
　　　　うのよ。
　米人　そお？　どういう意味，それ？
　私　　どうもありがとう，仏陀，金曜日です。
　米人　（笑）

　さて，あなたは，最後になぜこのアメリカ人が笑っ
たのかわかるだろうか？
★まず最初に，T. G. I. F ってなんだろう。これは
Thank God. It's Friday. で，各単語の頭文字である。
「ああよかった。今日は金曜日だ」がその意味だが，
直訳すると，「今日が金曜日であることを，神に感謝
する」である。
★そこで私がこれを「今日が金曜日であることを仏
に感謝する」と神を仏に入れ替えた。日本は仏教国だ
から，これを知っているアメリカ人が，ワッと笑うわ
け。
★このジョークのねらいは，略文字にある。TGIF が
日本ではなぜDABK になるのか，まず聞いたアメリ
カ人が，いぶかる。そして説明のくだりで，私が日本
じゃ神（God）ではなくBuddha（仏）だというと，な
るほどというわけで笑いをさそう。
★このジョークの説明のあと，私はさらにこうつけ
加えることがある。

**"You know, they say do as the Japanese do when
you are in Japan."**
　これでまた，笑いをさそう。これはかの有名な格言

"Do as Romans do when you are in Rome." を私が一部変えたもので，日本版「郷に入らば郷に従え！」である。ここは日本だから，ローマを日本に変えたというわけ。

●思わず爆笑！ ちょっと sexy な Joke

これまでに私が出会った数多くのアメリカ人のなかで，ひときわジョーク好き，というか，ジョークなしでは夜も日も明けないという感じの人が，R陸軍中佐であった。

R中佐の数あるジョークのうちには，日本語に訳すと面白くもなんともないものもあったが，これは英語でも日本語でも充分にオモシロイ例である。

★アメリカ人の男性は，しばしば女性の脚をほめるものだが，これは普通の人がいう例。

Mary, you have nice legs.

（メアリー，君の脚はきれいだね）

さて，同じように脚をほめるにしても，R中佐にかかるとこうなってしまう。

Mary, you have nice hind legs.

（メアリー，君のうしろ脚は，きれいだね）

実は，ある時私自身に中佐が同じことをいったことがあるのだが，その時私は，もうおかしくて，おかしくて，しばらく笑いころげていたものである。

人間がよつん這いになった場合，たしかに我々の脚は，うしろ脚ということになる。

R中佐のジョークには，セクシィなものもあり，そ

の一例がこれ。

A man is rubbing his girlfriend's stomach and says……

"**I love you, I love you.**"

男が，恋人のおなかのあたりをなでなでしながら，
こういった。

「愛してる，愛してる」（ふつうの声でこれをいう）

Then his girlfriend says,

"**Lower……lower……**"

そして恋人がいう。

「もっと低いほう，低いほう……」

And a man says,

"**I love you, I love you.**"

すると男がいった。

「愛してる，愛してる」（今度のは，低い声でいう）

★おわかりだろうか。このジョークのカギは lower
という言葉にある。実は訳をつけるのに苦労したのだ
が lower とは，より低い，より下のほうという意味
で，女の子はより下のほう，という意味で lower とい
っているのに，男は，ただ I love you という声を低く
していってしまった。そして，女の子のほうは……い
え，ここまでいえばもうおわかりであろうと思う。

●こんな返答が人を魅きつける

★ある時，R 中佐は私服で将校クラブへ現われた。ひ
とつの部隊の司令官であった R 中佐は，勤務中はい
かめしい軍服姿。しかしこの時は実にラフな T シャ
ツスタイルであった。

その時の会話，そしてこれは joke ではないが，R
中佐の返答のしかたが，普通人とちがうのだ。彼の人
を笑わせるアイディアを使ってみよう。

Hiroko：Where did you get that sexy shirt？
Colonel R：My sexy closet.

私　　　そのセクシィなシャツは，どこから？
R 中佐　僕のセクシィな衣装戸棚だよ

はっきりいうと，この会話は日本語に訳さないほう
がいい。訳すとオモシロさは消えてしまう。

★sexy という単語は，なにも"性的な"を意味する
とは限らない。この場合，単にすてきなシャツぐらい
だと思っていい。この会話のポイントは，私が sexy
shirt，すてきなシャツ，とほめ言葉をそえたのに対

して，彼も **sexy closet**，すてきな衣装戸棚と答えた
ところにある。

それに **where did get** は，「どこで買ったのですか」
や「どこで手に入れたのですか」や「どこからきたも
のですか」などの意味を持つ。

★R 中佐のジョークには，こんなのもあった。誰かが
"Are you busy？" と聞く。すると彼はこんな時も，
yes，とか no だけの，"普通"の答え方はしない。そ
の代わり，こんなことをいって，ひとを笑わせる。

 **"Oh, I am as busy as one—legged man at the Butt
Kicking Contest！"**

★「忙しい？」と聞かれ，「ああ，僕は一本脚の人が，
尻けりコンテストにいるぐらい，忙しいよ」と答える
わけだが，この意味をあなたは，理解できるだろうか。

butt は **buttock** という言葉からきており，「尻」と
いう意味を持つ。お互いに，お尻を蹴り合うコンテス
トが実際にあるかどうか，知るよしもないが，もしあ
ったとしたら，片脚の人にとっては大変忙しいゲーム
になるはずである。

●アメリカ人はこんな話を面白がる！

これは，ジョークといえるかどうかわからないが，
私がアメリカ人に話をして，アメリカ人が非常にオモ
シロがった例である。

 Hiroko：So, your name is George……
 George：Yes.
 Hiroko：Do you know what George means in

Japanese ?

George：No, I don't. What does George mean ?

Hiroko：George means Love Affair !

> ヒロコ　　あなたの名前は, ジョージなのね。
>
> ジョージ　そう。
>
> ヒロコ　　日本語で, ジョージというとどんな意
> 　　　　　味か知ってる?
>
> ジョージ　いや, 知らない。ジョージってどんな
> 　　　　　意味?
>
> ヒロコ　　情事よ!

★ジョージという名前のスペルはもちろん George で
あり, 情事はローマ字にすると joji だが発音はほとん
ど同じところから, こんなことをいうと, いわれたアメ
リカ人のジョージもそばでこの会話を聞いているアメ
リカ人も, 面白がってキャッキャッ笑うことにな
る, というわけ。

★この応用が, 日本の地名や人名を英語にした場合。
ある時, 私は男性のアメリカ人にこんなことをいった。

"Let's go to New Hotel tomorrow."

「明日, ニューホテルに行きましょう」と女性にいき
なりいわれれば, 男性はびっくりする。目ン玉がまん
丸くなったところで, 再びこんなことをいう。

"Yes...let's go to Shinjuku."

新宿, この地名を英語にするとニューホテルにな
る。ちなみに私が日本語に訳して, アメリカ人を笑わ
せたり, びっくりさせたりした地名をリストにしたも
のが, これである。

New Hotel	新宿
Field Hotel	原宿
Pond Bag	池袋
New Bridge	新橋
Standing River	立川
Nitingale Valley	鶯谷
Tea Water	お茶の水
Bitter Valley	渋谷
Side Beach	横浜
8 Princes	八王子
Blue Plum	青梅
Seat in Between	座間
3 Swamps	三沢
Rock Country	岩国
Eastern Capital	東京
Capital City	京都
God Door	神戸
Vast Island	広島
Large Slope	大阪
9 Sandbanks	九州
Main Sandbank	本州
4 Countries	四国
North Sea Way	北海道

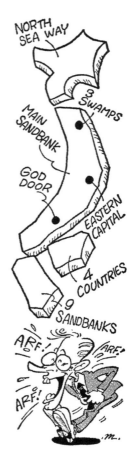

●ひろ子流 Joke を紹介しましょう!

★だいたい，私という人間は単純でオッチョコチョイなので，人を笑わせることも好きなら，ユカイな話

に笑いころげるのも大好きという性格を持っている。

したがって FEN 時代はアメリカ人の話を聞いて，自分なりに消化した自分のジョークで，よく人を笑わせたものである。

★基地内のクラブのカクテルラウンジ，あるいはダイニングルームで，アメリカ人がトイレに行くのに席を立つ際，このような英語が使われる。

Excuse me. I'll be back.

（ちょっと失礼しますが，すぐもどります）

Would you excuse me please ? I'll be right back.

（ちょっと失礼してもいいですか？　すぐもどります）

しかし，このような場合に使われる女性専用の表現，これが面白い。

Excuse me, I'm going to powder on my nose.

（ちょっと失礼します。顔を直してきますので）

Excuse me, I'm going to comb my hair and powder on my nose.

（ちょっと失礼します。髪をとかして顔を直してきますので）

powder on nose とは，鼻の頭を白粉のパフではたく，ということで，comb hair とは髪を櫛でとかす，という意味。

★さてこのいいまわしを，私はこのように変えてヒロコ流ジョークにして使い，人を笑わせていた。

Excuse me, I'm going to comb my nose and powder on my hair.

（ちょっと失礼します。鼻を櫛けずって，髪に白
粉をはたいてきますので）

●ちょっと嬉しい short short Joke
　日常，軽く使うジョークにこんなのがある。私は今
でも日本語，英語の両方で使っているが，もともとは
アメリカ人のジョーク。

A　Let's see, today is Monday, isn't it ?
B　All day.
　　　A　えーと，今日は，月曜日だよね。
　　　B　そう，一日中。

★たったこれだけであるが，面白い。一日のうちの
一部だけが月曜日であるわけがないのに，わざわざ一
日中ずっとだと念を押しているところがミソ。
★実に短いが，実にアメリカ的ともいえるジョーク
がこれ。

女　Are you married ?
男　No, I'm not, but <u>my wife</u> is.
　　　女　あなた結婚してるの？
　　　男　いや，してないよ。だけど僕の妻は結婚して
　　　　　いるよ。

　これを面白いと思うなら，かなり英語でものを考
え，感じることができる，といえるのではないかと私
は思う。

●"西部弁"を使えばアメリカ人もビックリ!
　あの広いアメリカには，都会もあれば村もある。

　もっともアメリカらしいと私が思うのはやはり大西
部。そしてそこに住むアメリカ人が独特の"西部弁"
を使うことを，あなたは知っているだろうか。
★こんな英語を覚えて，アメリカ人を反対にケムに
巻くイタズラをするのも楽しいものである。相手のア
メリカ人は**"Where did you learn that？"**（それをどこ
で習ったんですか）というに違いない。

　アメリカ西部の出身者に，こんな言葉を使って話を
したら，面白がって，親しみを感じるようになるとい
うもの。

　　cowpoke＝cowboy（カウボーイ）
　　philly＝girl（女の子）
　　cowboys cadilac＝pick up truck（小型トラック）
　　honky-tonk＝western style bar（西部劇の中にでて
くる，西部独特の酒場）
　　suds＝beer（ビール）
　　red eye＝whisky（ウィスキー）
　　out house＝man's room and lady's room（トイレ）
　　doggie＝cattle（牛）
　　cat house＝house of prostitutes（娼婦を置くあいま
い宿）
　　sawbone＝medical doctor（医者）
　　shoot out＝gun fight（ガンファイト）
　　tonic parlor＝barber shop（理髪店）
　　jerkie＝dried beef（干し牛肉）
　　ho down＝dance（ダンス）
　　cow chip＝cow shit（牛のウンコ）

"Leather your iron！"＝"Put your pistol in your holster！"（銃をしまえ！）

PART 4

会話力が 2倍にも 3倍にもなる とっておきの方法!

アメリカ人も驚く イキな表現術を 覚えよう

●こんなイキのいいあいさつをしてみないか

あいさつの基礎 **Hello, Hi, good morning, good afternoon** なら小学生でもいえること。だから，大人のあなたはもっと自然であり，"馴れてる感じ"の英語を身につけておきたいもの。いつもいつも Hello, how are you? ではアホみたいである。

★といっても Hi とか Hello といってはいけないということではなく，そのあとにすぐ，これらのフレーズが続けばいいのである。

What are you up to ?（何かするの？）

What's new ?（何か変わったことある？　何かおもしろいことある？）

How are you doing ?（どう？）

Keeping yourself busy ?（忙しい？）

Working hard ?（忙しい？）

You're looking good.（元気そうだね）

Hot enough for you ?（暑いね。全く）

A kind of chilly, isn't it ?（少し寒いね）

Boy ! It's pouring out.（外はすごい雨だよ）

What's happening ?（どう？）

Anything new ?（最近どう？）

How are things ?（どう？）

What are you up to ?（どう？）

★さて，少々長いフレーズになるが，こんなあいさつもある。

How is the world treating you ?

直訳すれば「世界はあなたのために，何をしてくれていますか？」

しかし，これも「どう？最近」のようなフレーズ。

ちなみに，ポップスのスタンダードの曲でこのフレーズの入ったのがある。メロディの実にきれいなロマンチックな曲である。

What's new ?

How's the world treating you……

●会話をイキイキとさせるこの表現法

★「などなど」……これをエトセトラといい，日本人もよく使っている。

しかし，いつもエトセトラばかりでは能がない。というよりも，実際には他にもいろいろ「などなど」にあたる言葉があり，日常使われている。

I was talking about myself……my job, my family <u>and so on.</u>（自分自身について話をしていたんだ……仕事のこと，家族のことなどなど）

and so on は **and so forth** といってもよいし，**and so on and so forth** といってもよい。

★似たような表現で **blah** がある。辞書でひいてみると「たわごと，はったり」というような訳がでている。**bla** の発音に注意。**bra** になるとブラジャーのこ

とである。

　so on と比べて，口語的。つまり書いた文章なら **so on** や **so forth** を使うところ，会話でよくきかれるのが，**blah blah blah** である。

　例文をあげよう。

　She said she had to clean her house, then wash dishes, make many telephone calls, and blah blah blah ……（彼女は，家の中は掃除しなければならないし，お皿は洗わなければならないし，電話はあちこちかけなきゃならないし，そしてあれやこれやしなければならないといった）

★日本語の「云々（うんぬん）」をいうときも，**blah blah blah** といっている。

　blah blah blah ほどポピュラーではないが，アメリカ人で **ampti amp** という人もいる。

　かつて私が AFN で机を並べていたあるアメリカ人が，よくこの **ampti amp** を「などなど」という場合に使っていたが，その意味の他に「不特定の，不定の」ものを指していう場合にも使っていた。

　ampti amp place（○○の場所）
　ampti amp magazine（なんとかいう雑誌）
　ampti amp man（どっかの誰かさん）

といった具合である。

●**ガミガミ，ペチャクチャ……英語では？**

★ガミガミとうるさくいうことを **nag** という。これも AFN で私の同室のアメリカ人がなかば冗談で **nag**

nag nag といっていたが，こんな場合の例をあげよう。

　Have you finished that project ?

　　　　（あのプロジェクトやってしまった？）

　こういわれた彼がいう。

　Nag nag nag.

　　　　（うるさいなおまえ，ガミガミガミガミ……）

とこんなふうな感じ。おわかりいただけるだろうか。

「そしてその人はただ<u>ガミガミ</u>いうばかりで……」

「彼のいうことはいやだよな，<u>ウジャウジャ</u>いうばっかりでサ」

「なんだか<u>グチャグチャ</u>いってたけど，知らん顔をしてた」

などといいたい場合，すべて，この **Nag nag nag** が

使える。

★さて,「あなたはいつもペチャクチャおしゃべりしてる」というような場合の「ペチャクチャ」は,英語でどういえばいいだろうか。

これには **yackity yackity yackity** という表現がある。

また,歌をうたう時,歌詞を知らない場合,日本人は「タララララ……」のような擬音語を使う。アメリカ人はこのような場合 **Scooby do……scooby do beedo**(スクビドゥ……スクビドゥビードゥ……)のようにうたう。

●"I don't know" のワンパターーンを避けよう

「知らない」は I don't know. これぐらい中学生でも知っている。しかし,実際に「知らない」をいう場合にも,いろんなケースがあり,ただの I don't know のくり返しではコト足りず,バカみたいに聞こえてしまうことだってある。

★「知らない」ことを表現する方法,ひとまずこれくらいは覚えておこう。

I have no idea.(全然知りません)

I don't have a slightest idea.

　　　　（まったく知りません,まったくわかりません）

I don't have any idea.（意味は,上と同じ）

変わったところがこれ。

Beats me./That beats me.

　　　　（参った,わからない/降参,ぜんぜんわからない）

★また,同じ「知らない」ことを相手に伝えるにも,

— 122 —

このようないい方をしなければならないこともある。

How do I know ?

（私が知ってるわけが，ないじゃない／僕が，知るわけがないだろ？）

What makes you think that I know ?

（なんで僕が知ってるっていえるんだ？）

●相手を元気づけるイキなかけ声

私はひとつの大きな写真のパネルを持っている。アメリカ製のこのパネルは，ネコが必死になって両手でロープにしがみつき，うしろ足がブランと宙に浮いている写真である。

パネルの下のほうに，このように書いてある。

Hang in there, baby !

★**Hang in there** とは，よくアメリカ人が口にする言葉である。意味は，「負けるなよ」とか，「がんばれよ」である。

苦労しながらがんばっている友達に，いってあげよう。

Hang in there, buddy !

「おまえ，がんばれよな」

buddy は，友達や仲間に対して使う言葉。

★また，アメリカ人がよく口にする言葉で **hang loose** がある。

hang loose を辞書でみると，形容詞になっているが，日常会話でアメリカ人がいう時の意味は，「気軽にやれよ」とか，「あまり緊張するなよな」というよ

うに，くつろぎなさい，リラックスしなさい，という
いい方。

★ついでながら **hang up** は「電話を切る」で **hang-over** は「二日酔」。

●「ウッソォー」はそのまま英語にしないこと

女子学生の間でよく聞く言葉，いや主婦や，カリーアウーマン（注 career woman，つまり働く女性は，キャリアウーマンにあらず，**カリーアウーマン**と発音しなければ通じない）でも使っているのが，「ウッソォ……ホントォ……」

直訳すると "Lie, really?" となるが，これはあくまで直訳，実際には使えない。

★ここでいいたいのは lie という単語の使い方における注意。

lie イコール嘘には違いないが，日本人は，嘘という言葉を日常，軽い気持ちで使いすぎている。例をあげよう。

「外を見てよ。雪が降り出したわ」

「ウッソォ……まさかァ……」

「明日デート，だめんなっちゃった。残業なんだよ僕」

「ウッソォ……がっかりだわァ……」

★嘘つきは **liar**。**lie** も **liar** も，英語ではシリアスなもので，上記の例のように，簡単に lie とか you are a liar とかいってはならない。

どうも日本人は **wrong**（間違っている）や **can't be-lieve it**（信じられない）のようなシチュエーションの

時，嘘という言葉を使うように私は思う。

★上記の例のような場合の「ウッソォー」は **Really ?**（ほんと？）というべきである。

　くどいようだが，lie，嘘という言葉は軽い気持ちで使わないこと。相手を怒らせることになるかもしれないことを忘れないように。

★さて，シリアスな意味でこの世の中，不幸にも平気で嘘をつく人がいるものである。

　He is a liar. は「彼は嘘つきです」であるが，嘘つきも，大嘘つきとか，平気で年中嘘をつく人なんかは，このように表現する。

He lies like a rug.

He lies like a rock.

　rug は敷きもの，じゅうたんの類。rock は岩や石。であるから両方とも日本語に直訳しても意味をなさない。このような表現は，このまま丸暗記してしまうに限る。

★その他に日本語でいう「真赤な嘘」にあたるのが **an out-and-out lie.**

「しらじらしい嘘」なら **a brazen faced lie** という。

● **kind，sort** の使い方で会話がなめらかに

　kind という単語を見て，即座に思い浮かべる訳は「親切」という場合が多いかもしれない。

★**a kind of** となると，「～の一種」という意味。これは簡単。

　たとえば「～の一種」の使い方はこれ。

It is a kind of musical instruments.
　　　（それは楽器の一種です）

★さて **kind of** と "**a**" を取ると，意味が変わってくる。例をあげよう。

She is kind of cute. （彼女はちょっと可愛い）

Yesterday was kind of chilly.
　　　（昨日は，いささか寒かった）

It's kind of too far to go there.
　　　（そこへ行くには，ちょっと遠すぎるな）

わかるだろうか。kind　of とは，「ちょっと」「いささか」「まあまあ」「どちらかといえば」という意味なのである。

★アメリカ人同士，よくこんなことをいっているのを耳にする。

"Are you busy ? " （忙しい？）

"Yes, kind of." （ええ，まあまあ）

この場合の発音だが，「イエス，カインドオブ」のように覚えていると，聞きとれない。「イエス，カインダ」のように聞こえるはずである。

話を最初にもどして，「ある一種の」という意味を持つのが **a kind of** だが，同じ意味を持つのが **a sort of.**

"**a**" を取って **sort of** にすると，前述の **kind of** と同じように使える。

He is sort of impolite, isn't he ?
　　　（彼は，どちらかといえば不作法だね）

It is sort of expensive. （それは，いささか高いな）

I sort of expected it.

　　　(たぶん，そんなことになるんじゃないかと予想
　　　していたよ)

★**sort** はまた，まったく違った意味がある。「片づけ
る，いらないものを捨てて整理する」「いるのといら
ないのと，より分ける」とこんな意味もある。

**Sort out this drawer and see if you can find the
paper I'm looking for.**

　　　(この引き出しを整理して，私が探している書類
　　　があるかどうか探して下さい)

I have to sort out my suitcase.

　　　(スーツケースの中身を整理しなければならない)

身体の
名称を使った
とっておきの表現

●"アイツは強情っぱりの石頭だ!"
——head，chin の使い方

★身体の部分の名称を使った表現がある。これらは
ぜひ覚えておきたいもの。日常の会話にしばしばでて
くるからである。

　融通のきかない，強情っぱりを日本語では「石頭」
という。

　英語ではこれをカタイ頭，**hard head** という。

He is hard-headed.（彼は融通がきかない）

My boss is a hard-headed man.

　　　（私の上司は，強情っぱりの石頭だ）

　同じ意味の表現に **thick head** がある。

She is thick-headed.

　　　（彼女は融通のきかないわからずやです）

★トイレの項で述べたが，**I'm going to head** とアメリ
カ軍人がいえば，「俺，トイレへ行ってくる」である。

Use your head.（頭を使って考えなさい）

★頭に関連する面白い表現をひとつ。

I am wearing two hats.（仕事を兼任している）

　二つの仕事を兼任していれば **two hats** だが，三つ
の仕事の兼任ならば **three hats** となる。

★ふさぎこんでいる人，浮かない顔をしている人を見

かけると，アメリカ人はよくこのような言葉をかける。

Keep your chin up !

(It) could be worse.

Smile !

chin は，あご，**Keep your chin up** は，「あごを高く持ち続けていなさい」であるから，「メソメソ下を向いていないで，胸をはって元気を出しなさい」という表現である。

★**It could be worse.** は主語の **it** を省くことが多い，「もしかしたら，もっと悪い状態だったかもしれないじゃないか」と，相手が元気を出せるよう，ハッパをかけている言葉である。

★**Smile** は文字通り「笑いなさい」「悲しい顔をしていないで笑いなさい」ということだろうが，私はどうもこのいい方が好きではなかった。アナウンサー時代，私にも **smile !** といったアメリカ人たちがいたが，そのつど，私は何となく反発を感じていたことを思い出す。

なぜかといえば，「笑いなさい」と命令されるのがいやだったのである。悲しんでいる時，沈んでいる時，「命令される」ことに抵抗を感じた，というわけだ。それにひどく悲しい時や，落ちこんでいる時，「笑いなさい」といわれて，すぐに笑えるものではない。

もっとも，アメリカ人は日常会話でよく使うものであるから，もしこういわれても相手はあなたを元気づけようとしているのだと考えたほうがいい。

●「よだれが出る」は下品ではない!?
―――mouth, nose の使い方

日本語で「よだれが出る」というと，なにやら汚ならしい感じがするが，英語ではサラリとしている。

It makes my mouth water. （よだれが出るよ）

My mouth is beginning to water.
（よだれが出そうになってくるよ）

このように英語では「水がたまる」という感じの表現をする。

★mouth の発音は mouse にならないように th の発音をきちんとするよう気をつけること。最初に悪い癖をつけると，なかなか直らない。

★次に **bad mouth** 悪口，あるいは，悪口をいう。

She is bad-mouthing about you.
（彼女はあなたの悪口をいっている）＝動詞の用法

He has a big mouth. （彼は口が軽い）

nosey person が嫌いなのは，私だけであろうか。
nosey person とは「人のことを干渉したがるうるさい人」であり，欧米ではとくに嫌われる。

He is nosey. （彼は，プライバシーに干渉したがる）
似たような表現はこれ。

Don't stick your nose into my business !
（私的なことに立ち入らないで）

He sticks nose into everybody's business.
（彼は誰でもプライベートのことに立ち入る）

★プライベート，private の使い方は日常日本人が使っているのと違うからこれも注意。

personal matter が，日本人のいういわゆる「プラ
イベートなこと」にあたる。

高慢ちきな人の形容が **turn-up nose** で **stuck-up
nose** といってもよい。

● **"by ear"** ってどういう意味？

　　　　　　　──ear, nerve, tongue の使い方

耳，ear にも面白い表現がある。

My nose itches.（誰かが，私のうわさをしている）

Let's play it by ear.

　　　（その時になってみて，臨機応変に決めましょう）

この表現は便利である。

"Are we going to play baseball next weekend？"

"I don't know yet. Why don't we play it by ears ? "

「来週末，野球やる？」

「僕，今のところわからないんだ。その時になってみて決めたらどう？」

とこんな具合である。

★図々しい奴とか，心臓の強い人とか，鉄面皮には **a lot of nerve** という表現をする。

She has a lot of nerve.（彼女は図々しい）

★さて図々しい人は，しばしば人を傷つけることを平気でいう。そんな人をこう表現する。

He has a sharp tongue.（彼の言葉には，とげがある）

tongue twister は，早口言葉。

tongue も発音に注意。タングではない，タンである。

●「よそよそしくする」ってどう表現する？
——shoulder, navel, back の使い方

彼氏，あるいは彼女に冷たくされた時，**shoulder** という単語を使って，こんなふうにいう。

My girlfriend turned a cold shoulder to me.
（彼女に冷たくされた）

turn a cold shoulder で〜に冷たくする，よそよそしくする，の意味である。

★ネーブルというオレンジがある。まん中に **navel**，つまりおへそのようなものがついているからであろう。

特筆すべき英語の表現ではないが，アメリカ人は，おへそを navel といわず **belly button** ということがある。**belly** は腹，**button** はボタンであるから，オナカ

のボタン，**belly button** という言葉を聞いたらおへそ
のことである。

★ おへその裏側の背中は **back** である。**back** に
stabbing をつけて直訳すると背中を刺す，突く，で
あるが，人を中傷することを **back stabbing** という。

Mr. A stabbed Mr. B in the back.

（A さんが，B さんを中傷した）

I was stabbed in the back by Ms. C.

（私は C 女史に中傷された）

ちなみに **black mail** は，恐喝，ゆすりである。

●指をからめると願いがかなう!?

───finger，toe の使い方

何か願望がある時，何かうまくいってくれるように
心で祈る時，**cross finger** という表現を使う。表現だ
けではなく，実際に指と指を交差させてみせる。

指を交差すると，幸運を招く，願いごとがかなうと
いわれている。

I cross my fingers.（願いがかないますように）

Cross your fingers.

（願いごとがかなうように，祈れよ）

どの指を交差するかというと，**index finger**，ひとさ
し指と中指である。

アメリカ人が冗談でこんなことをいうことがある。

Cross your fingers and toes.

（"手の指も足の指も交差して" 充分に祈れよ）

つまり "足の指" **toe** までも交差すれば，願いごと

のかなう効果もそれだけ多いだろうという冗談。
★冗談はひとつでも多く知っておいたほうがよい。
　落ちつきのない人，神経質でいつもイライラしている人のことを **finger twiddler** という。映画なんかで見たことがあるだろうか。両手の指を互いにぐるぐる回転させている人，あれである。

ハラハラ，ドキドキ，ワクワクする会話術

●アメリカ人の「音の感覚」を盗め！

なぜだろう，同じ人間の耳に同じ音が入ってきても，国によってそのひびきが違うということは……。

なぜだ，なぜだといってみたところで仕方がない。それが事実であれば，英会話習得の場合英米人のいうサウンドを知り，覚えなければならない。理屈はこの際忘れよう。

★《動物の鳴き声をマネる》

犬（**dog**）

 ワンワン ⟶ **wuff-wuff**

 キャンキャン ⟶ **yip-yip**

 クンクン ⟶ **sniff-sniff**

ネコ（**cat**）

 ニャアニャア ⟶ **miaow-miaow**

 ゴロゴロ（のどをならす）⟶ **purr**

牛（**cow, ox**）

 モーモー ⟶ **moooo…**

豚（**pig**）

 ブーブー ⟶ **oink-oink**

馬（**horse**）

 ヒヒーン ⟶ **neigh，nay**

     whinny（鼻をならす）

熊（**bear**）

　ウ─→ **wuff wuff**／**grrrr...**

ねずみ（**rat, mouse**）

　　チューチュー─→ **squeak**

蛙（**frog**）

　ケロケロ─→ **croah-croah**

小鳥（bird）

　チュッチュッ─→ **chirp-chirp**

　　　　　　　─→ **twit-twit**

ニワトリ（オンドリ, **rooster**）

　コケコッコー─→ **cook-a-doodle-doo**

ニワトリ（メンドリ, **hen**）

　クワックワッ─→ **cluck-cluck**

カラス（**crow**）

　カーカー─→ **caw-caw**

ひよこ（**chick**）

　ピヨピヨ─→ **peep-peep**／**cheep-cheep**

ふくろう（**owl**）

　ホウホウ─→ **hoooo...**

あひる（**duck**）

　ガアガア─→ **quach-quach**

★《物音をイキイキと表現する》

スリッパ
　　ぱたぱた───▶ **tip-tap**

下駄
　　カラコロ───▶ **clop-clop**

靴
　　コツコツ───▶ **tap-tap**

ハサミ
　　チョキチョキ───▶ **snip-snip**

重いもの
　　ドシン───▶ **thump**

鐘
　　（大）ゴーンゴーン───▶ **dong-dong**

　　（小）カランカラン───▶ **ding-dong-ding-dong**

太鼓
　　ドンドン───▶ **rub-a-dub**

鈴
　　チリンチリン───▶ **ting-a-ring-a-ring**

金属
　　カチン───▶ **clank**

電話
　リーンリーン──→ **ding-ding／ring-ring**
時計
　チクタク──→ **tick-tack**
ドア
　バタン──→ **bang**
花火
　ドーン──→ **boom**
平手打ち
　ぴしゃり，パチッ──→ **whack**
　　　　　　　　　　──→ **slap**
雨だれ
　ピチピチ──→ **pitter-patter**
　ポタポタ──→　　〃
雷
　ゴロゴロ──→ **rumble！**
　ピカリ──→ **crack**
拍手
　パチパチ──→ **clap clap**
ノックする音
　トントン──→ **knock knock**

コツコツ──→ **tap-tap**
ドア
　ギーギー──→ **creak-creak**
空中を物が飛ぶ
　ヒューン──→ **zing**
弾丸
　ピュッ──→ **zip**
銃声
　ズドーン──→ **bang**
悲鳴
　キャーッ──→ **schreech !**
喜び，得意
　ひゃあ──→ **hurrah**
動力のこぎりなど
　ジー──→ **zzzz**
撃つ，さっと動かす
　サッ──→ **swish**
歓声
　ワー──→ **whoop**
　ワーッ，ワーイ──→ **whoopee**

飛ぶ
　　ヒュー，シュー ⟶ **whoosh**
鳴る
　　ヒューヒュー ⟶ **whiz**
魚がはねる音
　　パシャッ ⟶ **splash**
ホームラン
　　カーン ⟶ **wham**
栓のぬける音
　　ポン ⟶ **cloop／pop**
ムチの鳴る音
　　ヒューヒュー ⟶ **swish**
キス
　　チュッ ⟶ **smack**
いびき
　　グウグウ ⟶ **zzzzz**
胸がドキドキ
　　（女性，子供）⟶ **pit-a-pit**
　　（男性）⟶ **thump**
お皿の割れる音
　　ガチャン ⟶ **clash**
お湯のわく音
　　シューシュー ⟶ **fizz**
風船が割れる音
　　（大）バーン ⟶ **bang**
　　（小）パーン ⟶ **pop**

早口言葉が
あなたの英語力
を高める

●舌の回転をなめらかにするために

早口言葉を英語で **tongue twister** という。直訳すると「舌もつれ」。

日本でも，アナウンサーの訓練で早口言葉をやっている。

★英語をスムーズに，きれいに話すために，英語の早口言葉を練習しよう。

必ず役に立つはずである。何も難しいものから始めることはないし，最初から速くしゃべろうとする必要もない。練習を重ねてだんだんスピードを出していけばいい。

気をつけたいことは，速くしゃべれればいいというのではなく，正しい発音を練習しながら，かつ速くいえるようになること。

★これはあなたの発音をよくするための方法であると同時に，アメリカ人とジョークを交えながらの会話に役立つことうけあいである。

She sells seashells by the seashore.

（彼女は浜辺で貝ガラを売っています）

Summer sunsets seem sure scenic.

（夏の落日は，ほんとうに美しい景色にみえます）

★これらは "**S**" サウンドの多く入った早口言葉であ

る。この **S** は **th** と違い，日本人にとって難しいものではないが，**She** の **S** と **sell** の **S** の発音は違うので，つまずくかもしれない。練習してみよう。

★Sサウンドの入った早口言葉をもう二つ。

Sam shined Sue's shoes.

（サムは，スウの靴をみがきました）

Snappy snackers spreading sheets.

（元気のよい大食感たちが，シーツをひろげています）

早口言葉の意味は，面白くもなんともないもののほうが多い。

●舌をかまずに三回続けて発音できるか

さて，それでは日本人の一番苦手な英語の発音の混じっている早口言葉を練習してみよう。

★Rは日本語にない発音ゆえに，日本人にとって難しいもの。

Lのほうは日本人もたやすくいえるのだが，ひとつの単語の中に，RとLが入っていると，ややこしい。両方ともRの発音にしてしまったり，RをLに，LをRに発音したりする，ということが起こる。

★時間をかけ，辛抱強く練習すれば，きっとものになる。トライしてみることだ。

Sixty sleepy basketballers brawling.

（60人の眠いバスケットボールをしている人たちが，怒鳴り合いのけんかをしています）

ここでは，最後の **brawling** の発音が難しいだろう。

★次にあげるのは，やはり **R** と **L** の混じった **brilliant** という単語があり，ちょっと難しい。

Billy's brilliant blabbering bugs.

（ビリィの輝かしいおしゃべり虫）

意味的にはナンセンス。口のすべりをよくするために使おう。

★次のは，**B** が多いが比較的発音のほうはやさしいのでは？

Better bring butter-blended bread.

（バターの混じったパンを持ってきたほうがいい）

何度も根気よく練習しよう。

★次の二つの **tongue twister** は，**C** のサウンドの入ったもの。

Cross crossing cautiously.

（交差点を注意深くわたりなさい）

Chummy chicken creatures clowning.

（仲よしのニワトリたちが，おどけてはしゃいでいる）

★さて，ゴムは **rubber** で，恋人，愛人は **lover** なのだが，これも練習なしでは正しい発音をすることは難

しい。この二つの単語ごっちゃにしないで発音できる
ようになろう。

Rubber baby buggy bumpers.
　　　（ゴムの乳母車のバンパー）

　バンパーは車だけでなく乳母車にもついているのだ
ろうか。しかし，この際そんなことはどうでもよろし
い。習うより慣れろで何でもいいから覚えることだ。

★次のは，**G** サウンドの **tongue twister.**

　G は決して難しい発音ではないのだが，この早口言
葉のなかには，ややこしい単語が三つある。

　grazing，**grass** そして **gladly** で，やはり **L** と **R** を
ごっちゃにしてしまいそうな感じがする。注意して発
音しよう。glazing glass，gradry にならないように。

Grand goats grazing grass gladly.
　　　（立派な山羊たちが，うれしそうに草を食べている）

★次に，フと発音する **F** と **PH** の入った早口言葉。

Fourteen phony frowning flowers.
　　　（14 のにせ物のしかめ面をした花々）

　phony は，日常会話でよく使うもの。インチキと
か，にせものという意味である。

★次の**P**のたくさんある早口言葉も，**P** は問題ないが，
ここでもやはり **R** と **L** に気をつけなければならない。

Polly's pretty plaid play pants.
　　　（ポリィのきれいな格子じま模様の，遊び着のス
　　　ラックス）

　ここでいう **pants** と，日常会話で日本人のいうパン
ツとは同じではない。アメリカでは，ズボン，スラッ

— 144 —

クスを **pants** という。

●これがスラスラいえればもう発音はバッチリ

★**TH** の発音も日本人にとって苦手なもの。最初にしっかり練習して癖をつけておけば，比較的楽だが，**thank you** を **sank you** のように発音するような癖がついてしまうと，容易には直らないから気をつけよう。

  Twenty-three twisting thistles.

  （23 のよじれたアザミの花）

　これも意味はナンセンス。**three** と **thistles** の **TH** のサウンドを正しく発音すれば，そんなに難しい早口言葉ではない。

  How much wood can a woodchuck chuck, if a woodchuck could chuck wood ?

  （もしもウッドチャックが木を放り投げることができるとしたら，どれくらいの量の木をウッドチャックは放り投げることができるだろうか）

★ウッドチャックというのは，アメリカ北東部に棲息する動物。**chuck** は「放り投げる」を含むいろいろな意味を持つ単語であるが，日本人の使っているチャッ

クとは，いずれも違う。

洋服についている，いわゆる日本人のいうチャックは，**zipper** という言葉を使うのが正しい。

★最後に，極めつき，長い早口言葉。

Peter Piper picked a peck of pickled peppers. If Peter Piper picked a peck of pickled peppers, how many pickled peppers did Peter Piper pick ?

> （ピーター・パイパーが，1ペックの漬物のコショウをつまみあげた。もしも，ピーター・パイパーが，1ペックの漬物のコショウをつまみあげたのなら，ピーター・パイパーは一体いくつの漬物のコショウをつまみあげたのだろう？）

1ペックは，量を表す。イギリスでは，1ペックが9.092リットル。アメリカでは，8.81リットルである。

ペッパーにもいろいろある。

black pepper（黒コショウ）

white pepper（白コショウ）

Chinese または **Japanese pepper**（サンショウ）

red pepper（唐辛子）

green pepper（ピーマン）

ピーマンを英語だと思っている日本人は，少なくないのではないだろうか。

口のすべりをなめらかにするため，折にふれて英語の **tongue twister** を練習してみよう。

PART 5

もうあなたは
アメリカ人と対等!

AFNに挑戦！どこまで会話を盗めるか！

● native speaker のスピードについていくために

★「アメリカ人が日本人に向かって話しかける英語はなんとなくわかるが，アメリカ人同士での会話はとてもチンプンカンプン！」こんな声がよく聞かれる。

英会話の授業では外人教師もゆっくりと話してくれるし，くり返して説明もしてくれる。

あるいは，親しく話ができるアメリカ人の友達ができて，やっと自信が——。「よし，いけるぞ」と思いこんで，外国映画を見ると，やはりチンプンカンプン……。こんなくり返しが続く人もいるだろう。

★なぜか？——要するにネイティブ・スピーカーのスピードについていけないのだ。しかし，彼らは決して早口でしゃべっているのではない。彼らにとってはごく普通のスピードで話しているのだ。

★本章では，AFN，つまり，アメリカ軍人によってアメリカ軍人のために流されていた放送を教材にしながら，話を進めていこう。

とくに放送のあいまに流されているスポットアナウンスメントは，日常会話に応用でき，スピードに慣れるための最適の教材となろう。

★AFN のスポットアナウンスメントには二種類あり，**AFRTS（American Forces Radio and TV Services）ス**

ポットとローカルスポットにわかれている。まずはその特徴から──。

● AFRTSのスポットから生きた会話を盗め！
❶ AFRTSのスポット──。

このスポットの製作は米国内であり，内容は主として今現在のアメリカのかかえている社会問題や，軍人の士気や愛国心を高めようと呼びかけるものが多い。

飲酒運転，喫煙，飲みすぎのいましめ，家計のやりくり，貯蓄，借金や肥満体へのいましめ，はたまた強姦をやめなさい，というような日本人の考えられないような内容のスポットまでさまざまである。

★**AFRTS**のスポットの内容には次のようなものがある。その時期によって異なるが，これを見れば，だいたいの内容がつかめることと思う。

Saving Bonds
　　　（アメリカ合衆国国債を買って貯蓄をすることをすすめる）

Smoking（たばこの害を強調）

Overeaters Anonymous
　　　（食べすぎで困っている人を助ける会）

Alcoholic Anonymous
　　　（アル中で困っている人を助ける会）

Energy Saver's Flixir（省エネ運動）

Fraud, Waste and Abuse
　　　（詐欺，浪費，麻薬などの乱用に対する警告）

Education（軍隊内で教育を受けることをすすめる）

Retention "Promotion"
  （軍人，とくに兵隊のための昇給に関する告知）

Sexual Harrasement
  （女性への偏見，蔑視，いやがらせをする男性への警告）

Space A Travel
  （軍用機の空席を利用しての旅行の告知）

AWOL（absent without leave の略，無断欠勤のいましめ）

Crime Stop
  （犯罪をおかすな，巻きこまれるなという警告）

Equal Opportunity（人種及び男女平等）

Drug/Alcohol Abuse（麻薬や酒の乱用に関する警告）

Safe Driving（安全運転）

Discipline（軍隊内の風紀，軍人の士気保持と向上）

Blood Drive（献血運動）

Quality of Life（人生を正しく生きるための話）

Court Marshall
  （軍法会議という裁判が軍隊にはある。そんな場に出なければならないようなことになるなという警告）

● アメリカ人の生の日常会話が聴ける！

　AFRTS のスポットは，聴いている人に語りかけている調子のものが少なくない。たとえば，

You don't want to be one of them, do you ?
  （あなたも，そんな人たちのうちの一人にはなりたくはないでしょう？）

Isn't it the time you took leave ?

　　（あなたもそろそろ休暇をとってもいい頃ではな
　　　いでしょうか？）

You don't want to die now, do you ?

　　（まだ死にたくはないでしょう？）

　と，こんな具合。

★**AFRTS** のスポットは，ヒアリングの勉強と同時に，
アメリカのかかえている社会問題をかい間見ることが
できたり，「アメリカではこんなことをラジオで大の
おとなに呼びかけたり警告したりしなければならない
のか」という驚き半分の新しい発見ができる。

★**AFRTS** のスポットには，しばしば会話になってい
るものがある。

　この手のスポットのなかには，見落としてしまいそ
うなちょっとした表現や言葉で，実にアメリカ的であ
り，アメリカの人々が日常馴れ親しんで使っているも
のが出てくる。

　❷ **ローカルスポット**──。

　ローカルとはこの場合，在日米軍基地内をさす。

　したがって，ローカルスポットの内容は，在日米軍
基地内の行事，集会，催しもの，売り出し，その他の
告知である。

　AFN のローカルスポットを利用してヒアリングの
勉強をしようと思ったらまず，在日米軍独特の略号，
名称，そして基地とはどんなものか，軍隊とはどんな
ものかを知っていないと理解できない。

　その上でローカルスポットを聴くと，初めてという

人でも，だいたい何をいっているのか，その内容がつかめよう。

このカタカナ英語では通じません！

●ホテルで「モーニングコール」と頼んでもダメ！

ふだん私たちが日本の生活で慣れ親しんでいるカタカナ英語，実はアメリカ人にはほとんど通じないと思ったほうがいい。

それはあくまで「日本人がつくった言葉」なのである。

ここでは，そんな間違えやすいカタカナ英語と，その正しい英語を 115 個紹介しておこう。

しっかり覚えて，日常の英会話に大いに役立ててほしい。

アンケート ───→	**questionaire**
ウエア ───→	**clothes**
エアコン ───→	**air conditioner**
OL ───→	(female) **office worker**
ガードマン ───→	**security guard**
ガールフレンド ───→	**female friend**
ガステーブル ───→	**gas stove**
ガソリンスタンド ───→	**gas station**
ガッツポーズ ───→	**raise fist in triumph**

カメラマン	photographer
カンニング	cheating
キャッチボール	play catch
ギャラ	guaranty
キャラクターグッズ	character goods
クーラー	air-conditioner
グルメ	gourmet
グレードアップ	upgrade
クレーム	complaint
ケース バイ ケース	it depends
ゲートボール	croquet
コインランドリー	laundromat
ゴールイン	cross the finishing line
ゴールデンアワー	prime time
コストダウン	cost reduction
ゴム	rubber
コンセント	outlet
コンパ	party
コンパニオン	female guide/hostess
コンビ	pair/duo
コンプレックス	inferiority complex
サークル	club

サービス	→ free
サイン（有名人にもらうもの）	→ autograph
サイン（署名）	→ signature
サインペン	→ felt-tip pen
サマータイム	→ daylight saving time
サラリーマン	→ company employee
シーズンオフ	→ off-season
シェープアップ	→ get in shape
ジェットコースター	→ roller coaster
シャープペンシル	→ mechanical pencil
ジャスト	→ sharp
シュークリーム	→ cream puff
ジュース	→ soft drink
シンボルマーク	→ logo/trade mark
スーパー	→ supermarket
スキンシップ	→ physical contact
スタイル	→ figure
スタジャン	→ sports jacket
スタミナドリンク	→ energy drink
ストーブ	→ heater
スナック	→ bar
スマート	→ slender

セーター	——————→	**sweater**
セレブ	——————→	**celebrity**
センス	——————→	**taste**
タレント	——————→	**personality**
チアガール	——————→	**cheerleader**
チャレンジ	——————→	**try**
ツアコン	——————→	**tour guide**
DPE（写真屋）	——————→	**photo shop**
デリケート	——————→	**sensitive**
トイレ	——————→	**rest room**
ドライバー（工具）	——————→	**screw-driver**
トレーナー、トレパン	——→	**sweat shirt/sweet pants**
ナイター	——————→	**night game**
ノースリーブ	——————→	**sleeveless**
バーゲン	——————→	**sale**
バイキング	——————→	**buffet**
パワーアップ	——————→	**become more powerful**
パンスト	——————→	**pantyhose**
バンド	——————→	**belt**
パンフレット	——————→	**brochure**
ピーマン	——————→	**green pepper**
ピンセット	——————→	**tweezers**

ファスナーチャック ──→ **zipper**

ファミリーレストラン ──→ **restaurant**

プラスアルファ ──→ **added extras**

フリーサイズ ──→ **adjustable**

フリーダイヤル ──→ **toll-free number**

フリーライター ──→ **free-lance writer**

プレイガイド ──→ **ticket office/ticket agency**

フロント ──→ **reception**

ベースアップ ──→ **pay raise**

ペーパードライバー ──→ **driver on paper only**

ヘルスメーター ──→ **bathroom scales**

ペンション ──→ **small hotel**

ボーイフレンド ──→ **male friend**

ホームドラマ ──→ **soap opera**

ボールペン ──→ **ball-point pen**

ホステス ──→ **bar girl**

ポスト ──→ **mail box**

ホッチキス ──→ **stapler**

マイペース ──→ **my own pace**

マインドコントロール ──→ **brainwashing**

マニア ──→ **enthusiast**

マフラー ──→ **scarf**

マンション ⟶ **apartment**

ミシン ⟶ **sewing machine**

ミルクティー ⟶ **tea with milk**

ムード ⟶ **atmosphere**

メリット ⟶ **advantage**

モーニングコール ⟶ **wake-up call**

モーニングサービス ⟶ **breakfast menu**

ライブハウス ⟶ **place with live music**

リクルートスーツ ⟶ **dark suit for job interview**

リストアップ ⟶ **make a list**

リニューアル ⟶ **renovation**

リフォーム ⟶ **renovate**

レジ ⟶ **cashier**

レトルト ⟶ **vacuum-packed foods**

レンジ ⟶ **stove**

レントゲン ⟶ **X-Ray**

ワンパターン ⟶ **same**

ワンピース ⟶ **dress**

ワンルームマンション ⟶ **studio apartment**

Native speakerを
攻略しよう

●教科書通りの英語は捨てろ！

　英語の教科書通りの言葉や，文体が実用会話で使われていないことからくる混乱，これをなんとかしなくてはならない。

　ここで，いくつかの会話の例をあげよう。最初は，**AFN** で放送されている飲酒運転防止のためのスポットアナウンスメントであるが，実際に使われている米語の表現は，こんなものかと，改めて思う読者もあることと思う。

> **MAN A** : Hey, What'd you say......Every time
> (1)　　　　　　　　　　　　(2)
> I turned around, somebody filled
> my glass !
>
> **MAN B** : Bill　are you all right ?　I don't
> (3)　　　　　　　　　(4)
> think you should drive.
>
> **MAN A** : No !　Come on, I'm perfectly fine......
> (5)
> Well, get in !　Let s go !　I'm feeling
> (6)
> terrific !　Now......let's see...... Where
> are those keys ?　Oh here they
> (7)　　　　　　　　　　　　(8)
> are......　I know I had them some-
> (9)
> where......　Here we go. Do You want
> (10)

> to hit that <u>little</u> place down the
> road?
> ₍₁₁₎

MAN B : I think you ought to <u>hit the sack.</u>

MAN A : I'm <u>absolutely fine</u>! What are you
> ₍₁₂₎
> ₍₁₃₎ doing! Get me back my keys! Why
> do you do that!? <u>You're some</u>
> <u>friend</u>! You don't even let me drive
> ₍₁₄₎
> my own car!

男A おい，どう思う？ オレがちょっとほかのほう
　　　を見ているたんびによ，グラスがまた一杯にな
　　　ってやがんの!

男B ビル，お前大丈夫か？ 運転しないほうがいいぜ。

男A なにいってやがるんだよ！ オレは全然なんとも
　　　ないさ。おい，早く乗れよ！ 行こうぜ！ ああ，
　　　実にいい気持ちだぜ! さてと，カギはどこだっ
　　　けな？ あ，あったあった……，あったと思っ
　　　たんだよな。どっかにさ……よし，と。この道
　　　の下のちょっとした店に寄って行こうか？

男B お前，もう帰って寝たほうがいいよ。

男A オレは全然，なんともないんだよ。お前，なに
　　　すんだよ？ カギを返せよ！ なんでそんなこ
　　　と，するんだよ？ それでも友達かよ？ オレ
　　　の車をオレが運転することもさせねえのかよ？

（1） まず，「どう思う？」ならさしずめ **What do
you think?** が頭に浮かぶところ，**What would you
say?** である。

　おまけに，**would** の部分は実際にはほとんど聞き

とれないはずである。「ホワジャセー」のように聞こえるはずである。

次に(2) **Every time I turned around, somebody filled my glass !** のような表現は，日本語にはない。これは「パーティが大盛会で，気前よく飲みもの（お酒）がふるまわれたこと」を意味している表現でもある。

(3)の「大丈夫か？」は，**are you** で始まる文ではあるが，実際には **are** が聞こえない場合も多い。

(4)の「運転しないほうがいいと思うよ」は，日本人が訳すと，「思うよ」にこだわり，**I think you should not drive** とやりがち。よく間違う。ここが英語と日本語の表現法の相違のひとつ。

I don't think you should drive. で「運転すべきだとは思わない」といういい方をする。

(5)の **I'm perfectly fine.** は「大丈夫だよ」**I'm all right.** や，「酔ってなんかいない」**I'm not drunk.** をこのようにいうことができる。

(6)も同じであるが，こちらのほうは「気分は最高」の意味も多分に入る。

この **terrific** という言葉の発音は，正しく，つまりあちらの人と同じように発音するためにはかなりの練習を要する。それゆえに，逆にいえばヒアリングの点で，あなたの聞きとりにくい言葉のひとつかもしれない。

(7)も **are** はまったく聞こえない場合がよくある。カギも，日本語では一本でも二本でもカギだが，英語の場合は **those keys** とか **these keys** のようにいうから注意。

「あった，あった」が(8)の表現である。

Here you are.
Here you go.
Here they are.
Here they go.……

このたぐいの表現は，練習しないとすぐには口に出せない。あなた次第である。

(9)も最初の **I** がまったく落ちてしまっているように聞こえる。

(10)先ほどのと似た **Here we go** である。「よーし」「これでよし」のような意でいう。

— 162 —

⑾の **little place** の **little** はあまり「小さい」ことにこだわらないほうがいい。

こういった場合 **little** というからといって必ずしも小さい店とは限らない。ものすごく大きな場所ではないだろうが,「ちょっとした」とか,「小ぎれいな感じのいい」みたいな意味が含まれていることがよくある。

⑿ **hit the sack**,「寝床に入る」である。**I want to hit the sack** といえば「もう寝たいよ」という意味である。

⒀ものすごく,最高に,のような形容をするのに,よくこの **absolutely** を使う。

⒁の **You're some friend.** まさに実用英語。「それでも友達かよ」であり,「オカシナ友達だよ,お前は」であり,「びっくりさせる友達だよな」と,いろいろな意味が入るし,いろいろな場合に使える。

日常会話はこのように成り立っている。だから教科書通り辞書通りでは,ヒアリング,スピーキングの両面で充分ではないというわけである。

この文例にはいくつかの会話の盲点が隠されている。

何度もくり返して自分のモノにして欲しい。

●ネイティブの会話術を盗め！——❶

> A : *So you take an egg.*
>
> B : *Yeah, an egg...*
>
> A : *You put it about head height and you drop it...straight down*
>
> B : *Drop an egg from 5 feet... you know what's going to happen to that egg ?*
>
> A : *Yeah, I know. Just like a head smacking the ground falling off the mortorcycle with no helmet.*
>
> B : *No helmet...*
>
> A : *Just like an egg.*
>
> B : *Yeah, but I'm careful when I ride. I don't need no sissy helmet.*
>
> A : *Sure Mac...sure.*

A　な，玉子をな。

B　うん，玉子……

A　玉子を頭の高さまで上げて，それからまっすぐに下へ落とす……

B　5フィート上から，玉子を落とす……そうしたらどうなると思うかって？

A　わかってるだろ？　ヘルメットをかぶらずにオートバイからころがり落ちて頭を地面にたたきつけるのと同じようになるんだな。

B　ヘルメットなしか。

A　玉子みたいな。

B　ああ，だが俺がオートバイに乗る時は注意するか

　ら，そんなめめしいヘルメットなんかいらないよ。
　A　そう，いらないよな，マック，いらないともさ……。

★これは安全運転のためのスポットである。

　So you take an egg　たとえば，この玉子，この玉子をな……。

　about head hight　頭の高さ

　straight down　まっすぐ下に

　smacking the ground　頭を地面に打ちつけて

　falling off　～から落ちる，転倒する。

　Sure Mac, sure.　そうかそうか，いらないよ，確かにいらない……の裏に「そんなこといってて，いいのか!?」の意味が含まれている。

ネイティブの会話術を盗め!──❷

A : *Going out again ?*

B : *Yep, got a lunch date. Oh, hey, what suit should I wear ?*

A : *Look, you've been seeing a lot of her lately.*

B : *Uh, huh, that's right. I've booked up all her spare time. She doesn't seem to mind. You ?*

A : *Maybe.*

B : *You are jealous.*

A : *No, but I don't want anything to mess up this little deal. understand ?*

B : *What could mess it up ?*

A : *A double cross. You and Nora have been getting pretty chummy. I wouldn't like it at all if you two took the dough and beat it.*

B : *You think I'd pull a stunt like that ?*

A : *I don't think it would occur to you, but with a dame like Nora around... well, she might talk you into it.*

Yep　**Yes** のスラング

got a lunch dete　昼食を食べる約束がある。

　wear　着る。しかし **put on** も，着る，である。この二つをどう区別するかというと，**wear** は「着てい

— 166 —

る状態」で **put on** は「着る動作」だと覚えておけば
よいだろう。

Look 「なあ」とか,「ねえ」とか,相手の注意を
引こうとする言葉。

seeing a lot of her 非常にしばしば,彼女に会って
いる。

booked up all her spare time 彼女の余暇の時間を
すべて予約した。**spare time** は余暇,働いていない
時間。**book** は座席の予約などにも使う言葉。**They
are all booked.**(座席などが)満席。

She doesn't seem to mind. 彼女はいっこうかま
わないと思っている。

You ? 君はどうだ?

mess up めちゃくちゃにする。

little deal deal=job, little とついているからとい
って「小さい仕事」とは限らない。

double cross 裏切りというスラング。

getting pretty chummy かなり親密になってきて
いる。**pretty** は,「かわいい,きれいな」という意味
と「かなり」という意味があることを覚えよう。
pretty good かなりよい。**pretty cold** かなり寒い。
pretty expensive かなり高い。

You two took the dough and beat it

dough は生パンとか粉をこねたものだがこの場合,
スラングで現ナマ。「現ナマを持ってとんズラした」。

pull a stunt 離れ業をする。**stunt** はスタントマン
の **stunt**

dame like Nora around ノーラのような女性がまわりにいて。

talk you into it 説得して納得させる。

●これだけは知ってほしい表現のニュアンス

> *I don't believe it! He couldn't do it, now*
> *when he knows I'll be all alone.*

I don't believe it 私はそれを信じない。**believe** は「信ずる，～だと考える，信仰する」という意味であるが，混同しそうなものに **trust** という単語があり，こちらのほうは，「信頼する，信任する，信用する」である。

I believe you は「私はあなたのいうことを信じます」で，**I trust you** は「私は，あなたという人を信用します」である。

He couldn't do it 彼がそんなことをできるはずがない。

now when ～ 他の時はともあれ，～の時はまさか。

> *A : Do you have the street address?*
> *B : No, it's somewhere in the seventies. It's*
> *very small private and an exclusive*
> *hospital where I had my appendix out*
> *two years ago.*

street address 番地

somewhere in the seventies 70番地台のどこか，

— 168 —

つまり 70 から 79 のうちのひとつということになる。この表現は，番地だけではなく，年齢であれば，70歳代，年なら 1970 年代のいつか，ということになる。

private and an exclusive hospital　私立で高級な病院。ちなみに公立病院なら **public hospital**

I had my appendix out　私は盲腸の手術をした。

> *Tonight I overheard a telephone conversation that upset me dreadfully. In fact, if someone doesn't come out at once, I'm afraid I'll go out of my mind !*

I overheard a telephone conversation　電話の会話をふと聞いてしまった。**I overheard a conversation** なら，人が話をしているのをふと聞いてしまった，立ち聞きをした，という意味であるが，私の経験では，立ち聞き，という悪意がなく偶然そこに居合わせて聞いてしまったという感じの言葉である。

upset me　〜が私の気を転倒させた。

I'm upset は，怒り，悲しみなどで，感情的になっていること，気をつけて聞いていると，アメリカ人は **I'm angry, I'm sad** のかわりによくこの **I'm upset** といういい方をしている。

I'm afraid の **afraid** という単語に限っての意味は「恐れている」。だが，**I'm afraid** は〜と思う，〜なことを残念に思う，残念ながら〜という意味で使うことのほうが多い。

〜がこわい，という場合は，**I'm afraid** より **I'm**

— 169 —

scared のほうがポピュラーである。

  go out of my mind　気が狂いそうだ。

  go nuts，**go crazy** も同じ。

> *That <u>click</u>, <u>just now</u>, in my own telephone.*
> *As though someone had <u>lifted the receiver off</u>*
> *<u>the hook</u> on the <u>extension telephone</u>*
> *downstairs.*

  click　カチッ（という音）

  just now　ちょうど今

  as though　あたかも〜のごとく

  lifted the receiver off the hook　受話機をとりあげた。

  extension telephone　内線電話。内線 123 は **extension one–two–three** という。

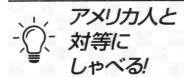

アメリカ人と
対等に
しゃべる！

●アメリカ人が実によく使う言葉

To visit Nikko National Park is the must for all visitors to Japan. Highlights of the tour include magnificient shrine, a lake, a waterfall, and dragon cascade. The tour fare includes a round trip bus transportaion, entrance fees for the shrine and a tour guide service. Bring a box lunch, your camera, a sweater and some Yen for souveniors. To find out all the details, contact Yokota Yujo Recreation Center.

（訳）日本を訪れるすべての人々にとって，日光国立公園は，絶対見ておくべき場所です。日光見物のハイライトは，荘厳な神社，湖，滝，そして，竜頭の滝です。この旅行の料金は往復のバス料金，神社の拝観料，そしてガイド料。お弁当，カメラ，セーター，そしてお土産を買うために日本円をご持参下さい。くわしいことをお知りになりたい方は，横田基地の友情レクリエーションセンターへ連絡して下さい。

the must： どうしても〜なければならない。この場合，どうしても行って見なければならない，という意味。

lake とは当然，中禅寺湖，**waterfall** とは華厳の滝，**shrine** とは東照宮のことだが，このスポットではいずれも，単に **lake, waterfall, shrine** となっていて，竜頭の滝のみが **Dragon Cascade** になっているのが，日本人にはおかしく感じられる。

　しかし，ここがアメリカ人による **AFN** のスポットのあり方。つまり彼らは，そこいらの小さな神社の名前を知らないのと同様に，東照宮の名前も知らないのである。

　box lunch：　お弁当

　bring some Yen：　日本円をご持参下さい。彼らは基地の中では自分たちの本国と同じようにドルを使って生活をしているわけだから，旅行に先立ち，円と両替しておかなければならない。

　Yujo Recreation Center：　友情レクリエーションセンター。日本人の耳にはなんともおかしく聞こえるのが，アメリカ人の日本語の名前のつけ方，友情レクリエーションセンターだとか，相撲ラウンジとか，友達食堂だとか，基地内には，この手の名称をよく見かける。

　しかしこの友情レクリエーションセンターは **AFN** から聞こえてくると（というより，そんな発音でスポットを読むからであろうが）なんとしても "遊女" レクリエーションセンターと聞こえるのである。

Are you having a barbecue party and need someone to cook <u>good ol'</u> southern <u>barbecue</u>

> *sparelibs or chicken? Let the Yokota Tea*
> *House do it for you. For all the details call*
> *them at 225–XXXX.*

(訳) バーベキューパーティをするので，誰か，なつ
かしいアメリカ南部風のバーベキュースペアリブや，チ
キンを料理してくれる人を，必要としていませんか？
だったら横田ティーハウスに料理させて下さい。くわし
いことを知りたい方は，225-××××までお電話でどう
ぞ。

good ol'： **good old** のこと。なつかしい，とか誰
にとっても大好きな，のような意味でアメリカ人は実
によく使う言葉。

southern： 南部風の料理とか，南部風の○○と

か，アメリカではよくいうが，私は **northern**，北部風の××という表現はあまり聞いたことがない。

　barbecue sparelib：　アメリカ人が好む料理のひとつ。豚の肉付き肋骨の部分をバーベキューソースをかけながら，直火，あるいはオーブンで焼いたもの。なお，**barbecue** を日本人はバーベキューというが，アンダーラインの部分は「ベ」よりもむしろ「バ」にきこえるのが **native　speaker** のいう **barbecue** の発音である。

　for all the detailes：　「くわしいことに関しては」決まり文句のようなものであるが **all** はなくてもよい。

　Yokota　〜とある場合，**Yokota　Air　Base** の **Air Base** が略されているが，**AFN** を聴く在日米軍の人たちにとっては，一目瞭然，いやこの場合，一耳瞭然でわかってしまう。

●在日米軍の日常生活に学ぶ!

An Employment Workshop has offered by the Yokosuka Family Service Center Thursday, February 21st from 9 to 4 PM. The workshop will cover preparation and opportunities for employment, how to apply and interview technique use. It is designed to assist personnel who are contemplating employment at Yokosuka area. Contact your Yokosuka Family Service Center at 2 3 4-XXXX to sign up this workshop.

（訳）就職のための実習室が，2月21日の9時から4時までの間，横須賀ファミリーサービスセンターによって提供されています。この実習は，就職するための準備と就職のチャンス，応募のしかた，面接のテクニックなどが含まれています。この実習は，横須賀基地地域における就職を考えている人々を援助するために企画されたものです。横須賀基地ファミリーサービスセンター，電話234−××××へ連絡して，この実習室に入会して下さい。

Employment Workshop：　就職のための実習室，といっても在日米軍のアメリカ人のためのもので，その中でも，主として家族の就職といえる。在日米軍の将校や兵士はすでに軍人として"就職"しているから。

how to apply：　応募のしかた。

interview technique use：　面接のテクニックの使い方。いかにいい印象を与えるか，いかに自分の能力を表現するかなどなどのテクニック。

personnel who are contemplating employment：　就職を真剣に考えている人たち，**personnel** という言葉，**people** の代わりに軍隊とか官公庁とか，オカタイ職場で使う。**personal** と **personnel** の発音の違いにも注意。**personal** は，パーソナォ，**personnel** はパーソネォとそれぞれ太い文字の部分にアクセントがくる。

The Naval Legal Service Office Yokosuka is

now providing legal assistance service to the Atsugi area. A legal assistance attorney is available every Tuesday to advise. Appointment may be scheduled by calling 228-XXXX. Come on down and talk about your legal problems. It's free.

（訳）米国海軍横須賀基地法律事務所では今，厚木基地地域での法律に関する援助を行っております。法律に関する援助をする弁護士が，助言をするために，毎週火曜日にお待ちしています。電話で228−××××へかけて下されば予約ができます。あなたの法律にまつわる問題についての話し合いにおいで下さい，相談料は無料です。

The Naval Legal Service Office： 米軍（この場合，海軍）の弁護士による，米軍に籍のあるアメリカ人のみを対象にした法律相談事務所。

legal assistance attorney： 担当の弁護士。といっても民間人ではなく，米軍に籍のあるアメリカ人。

appointment： 予約。事務所や病院などの予約は**appointment**であるが，飛行機，列車，レストランなどの予約は**reservation**という言葉を使う。

come on down： おいで下さい，いらっしゃい，**come down**に比べて**on**が入ると，親しみがこめられ，意味も強くなる。

It's free： 無料です。不思議と思うかもしれないが，米軍では，将校や兵士及びその家族たちに，お国のために戦う"代償"というのか，いろいろな恩典を

与えている。この場合もそう。学校，医療，住宅及び光熱費などは無料，また食料品，酒，タバコ，ガソリンなどすべて無税で買えるような恩典を与えているのである。このことを知らない日本人は多いのではないだろうか。

> *Army ROTC has 2 and 3 years scholarships for reserve and enlisted personnel. The scholarships cover tuition, lab fees and standard allowance for text books, supplies equipments and much more. To find out if you're qualified for one of these scholarships, contact Army ROTC Scholarship Program, by dialing Autovon 680-XXXX.*

(訳) 米国陸軍予備役将校訓練コースには，予備役兵及び応召兵のための2年，あるいは3年の奨学金制度があります。この奨学金制度は，月謝，研究費，教材費や，生活用品，設備費などの手当を始め，いろいろとまかなえるものです。これらの奨学金制度をあなたが受ける資格があるかどうかを知るたあには，680-××××へ電話をして，陸軍予備役将校訓練コース奨学金計画へ連絡をとって下さい。

Army ROTC： 陸軍予備役将校訓練コース（**Army Reserve Officer's Trainig Course** の略）は，米軍の兵隊のための教育システムのひとつ。

軍隊では，階級の差が実にはっきりしており将校（または士官，英語では **officer**）と兵士（**enlisted man**）の間には，キッチリときびしい線があり，どんなに年

齢が上でも，軍歴が長くても，兵士は，相手が将校で
あれば若いなりたてのホヤホヤであっても **Yes　Sir**
と，サーをつけて返事をしなければならないし，命令
には絶対服従することが要求される。

　将校はほとんどが大学出，それに将校になるための
特別教育を大学で受けている。それに反して **enlisted
man**，兵士のほうは，兵士としての階級が上であろ
うと下であろうとほとんど，現在の米軍では大学は出
ていない。

　そこでこのスポットのように米軍が **ROTC** の奨学金
制度などを設定して兵士に教育をつけさせ，できれば
兵士から将校へ引き上げてやろうというはからいをす
る。

　ちなみに，アメリカの兵士で「大学にいた頃」の話
をしていても，ちゃんと大学へ行っていたとは限らな
い。○○カ月間だけどこかの大学の講習に入ってい
た，というだけで自分は大学に行っていたとのたまう
人が非常に多いことを認識しておくこと。

　lab fee：　研究室で勉強する費用。**lab** は **laboratory**
の略。

　allowance：　手当。

　to find out：　〜について知りたければ。

　if you're qualified：　資格があるかどうか。

　Contact：　連絡しなさい。

　Autovon：　この聞きなれない，見なれない言葉は
何を意味するのか。**AFN** では実にしばしば聞かれる
言葉である。**Autovon** を米軍では次のように説明し

ている。

> *The Autovon is the principle longhaul, voice*
> *communications network within the Defense*
> *Communications System,providing non*
> *secure direct distance dialing service*
> *worldwide through a system of government*
> *owned and leased automatic switching*
> *facilities.   The purpose of Autovon is to*
> *handle essential command and control,*
> *operations, intelligence, logistic, diplomatic*
> *and administrative traffic.*

(訳) オートヴォンとは，米国政府所有，及び借用さ
れたオートマチックスイッチ設備のシステムを通して，
世界中で機密外の直通ダイヤルサービスを供給する，国
防通信システム管轄内における主要延長ボイスコミュニ
ケーションネットワークである。その目的は，重要司
令，管制，作戦計画情報，輸送，宿営食料武器の補給管
理など，外交，行政の運行である。

と，このようなややこしく，何のことかよくわから
ない説明であるが，公的に軍隊で使うコミュニケーシ
ョンシステムとでも覚えておくといいかもしれない。

●アメリカ人と対等に社会問題を語る

> *There are no racial problems in the military.*
> *There are only people problems. Blacks and*
> *whites don't cause the problem. People do.*

> *There are people of different colors and*
> *people who speak different languages in the*
> *military. But why attach labels? We are*
> *all of one family, the family of man. All men*
> *are created equal. The person standing next*
> *to you, is a human. Not a black or white.*

（訳） （アメリカの）軍隊内において，人種問題という
ものは存在しません。あるのはただ，人の問題だけなの
です。白人や黒人は問題を起こしたりしません。人が問
題を起こすのです。軍隊には，いろいろ肌の色の違う，
そして異なった言葉を話す人たちがいます。だからとい
って，なぜそれぞれにレッテルをはらなければならない
のでしょうか？　私たちは全員，ひとつの家族なので
す。人間という家族です。すべての人は，平等であるよ
うに造られています。あなたの隣に立っている人は人間
なのです。黒人とか白人とかではなく。

racial problems：　　人種的問題。日本にはたとえあ
っても，アメリカのように大々的な国の問題ではな
い。アメリカでの **racial problem** は主として対象が黒
人である。次にラテン系，インディアン，そして東洋
系もあるにはあるが，黒人問題とは比較にならない。
公には禁止されていても，いまだにアメリカには，
KKK（クー　クラックス　クラン）という黒人排斥組
織が存在している。また，このようなスポットがある
ということは，人種問題が歴然と存在しているからと
いえる。

blacks and whites：　　黒人と白人

People do： **People cause the problems** と同じ。
人々が問題を起こす。

people of different colors： 肌の色の違う人々

why attach labels？： なぜ区別してレッテルをはるのか？

family of man： この **man** は男ではなく人間という意味。

---

*In recognition of a Black Heritage Month,
Cherry Blossom Lodge, Chapter 42 sponsors
a luncheon in honor of General Daniel C.
James at NCO Club Mess at 12:30 AM,
February 13, Wednesday. Ticket for this can
be purchased at NCO Open Mess or your
unit First Sergeant. For more information
contact either MSgt Washington at 225-
XXXX or MSgt Spencer at 225-XXXX.*

（訳） 黒人伝統月間を記念して，桜支部の第42部は，
2月13日の水曜日，午前11時半より下士官クラブにダ
ニエルC　ジェームズ将軍の出席の栄誉を得て昼食会を
催します。この昼食会のチケットは，下士官クラブが，
あなたの所属する部隊の一等曹長から購入することがで
きます。もっとくわしいことを知りたい方は，ワシント
ン曹長，電話番号225-××××あるいは，スペンサー
曹長，電話番号225-××××へ連絡して下さい。

in recognition of： 〜を認めて，この場合は〜を
記念して。

Black Heritage Month： 黒人伝統月間，黒人が人種的平等を叫び始めてから幾久しくなるアメリカ，今でこそ法律上では平等であっても，根強く残っている人種的な問題。今現在，黒人たちは，「自分たちは白人と平等なんだ」をこれみよがしに誇示しているようにさえ見える。なぜかというと，ほんとうに平等だと思っているのなら，自然に白人と溶けこみ，混じっていけばいいものを，このように **Black Heritage Month** とか **Black Heritage Week**（黒人伝統週間）とか，**Black History Week**（黒人歴史週間）とかいう名目の月や週を作り，黒人だけの集まるチャンスを作っている。黒人だ黒人だと声をはりあげて誇示してまわることはないのではないだろうか。このスポットも，今日のアメリカ社会をうかがわせるに充分なもののひとつであろう。

Cherry Blossom Lodge, Chapter 42： 組織や団体の支部を～**Lodge，Chapter**～という用語は **Free Mason**（フリーメイソン），**VFW**（**Veterans of Foreign War** の略，アメリカ国外での戦争で戦ったことのある人たちで作っている組織，日本にも支部がある），それから米軍の人たちが米軍人たちだけのために作っている団体，クラブの類で使われる。**Boy Scout** や **Gril Scout** だと～**Lodge, Troop**～という。

このスポットの場合，どの組織の支部なのか全然日本人にはわからないが，基地のアメリカ人ならすぐにわかる身近なものであることは容易にうかがえる。**Black Heritage Week** を記念して，といっているとこ

ろから黒人の兵士の作っているグループという見方が
あたっていよう。

NCO Club Mess： 下士官及びその家族が使用する
食事をしたりお酒を飲んだりするクラブ。軍隊という
ところは階級の差がきびしく，将校（士官）には
Officer's Club というのがあり，彼らと彼らの家族は
これを使う。士官と下士官は，下から上の場合も，上
から下の場合も他のクラブを使用することはできない。

Unit First Sergeant： 軍隊ではどの部隊にもふつ
う **Commander** あるいは，**Commanding Officer** と
呼ぶ司令官がその“長”である。部隊には，将校と下
士官がいるわけだが，下士官，つまり兵士のなかで一
番上の階級にある人で **Unit First Sergeant** という役
がある。

NCO Open Mess： **NCO Club** に同じ。**Open
Mess** のほかに **Closed Mess** があるが，**Open Mess**
のほうは，自分の家族や友達も連れていけるのに対し
て，**Closed Mess** は，兵士あるいは将校自身のみ出
入りを許可されている食堂である。

たった3時間で通じる英会話の本
学校では教えてくれなかった

著者	窪田ひろ子
発行者	真船美保子
発行所	KKロングセラーズ

東京都新宿区高田馬場 4-4-18　〒169-0075

電話（03）5937-6803（代）

http://www.kklong.co.jp

印刷・製本　中央精版印刷㈱

落丁・乱丁はお取替えいたします。

※定価はカバーに表示してあります。

ISBN978-4-8454-5177-7　C0282

Printed in Japan 2023